AF222487

Die Oscar Macher

Ein Blick hinter die Kulissen der
Academy Of Motion Picture Arts
And Sciences und ihrer
Öffentlichkeits-Arbeit

Christian Dorndorf

BOD-Verlag

Die Oscar Macher
Ausgabe 1-2010

BOD Verlag, April 2010
Autor: Christian Dorndorf
Layout + Titelfoto: dakricke@gmx.de
© Christian Dorndorf
Printed in Germany
ISBN 9783839170878

Inhalt

Einleitung

Kapitel 1:   Wie alles begann
Die Gründung der Academy Of Motion Picture Arts
And Sciences (AMPAS)
* Die amerikanische Filmindustrie in den zwanziger
Jahren * Die Gründung der AMPAS * Aufgaben und
Ziele * Organisation und Struktur * Die Mitglieder
* Die Branches (Berufsgruppen) * Der Board Of
Govenors * Der Präsident * Die Verwaltung * Die Committees
* Die Academy Foundation * Sitz der Organisation * Finanzen
* Die Academy Awards

Kapitel 2:   Tue Gutes und rede darüber
Die AMPAS und die Öffentlichkeit
* Der Secretary Of Public Relations
* Das Public Relations Coordinating Committee
* Die PR-Agenturen * Der Director Of Communications

Kapitel 3:   Aller Anfang ist schwer
Die AMPAS und die Politik
* Die ersten Erfolge * Auseinandersetzungen mit den
Gewerkschaften * Die Blacklist-Zeit

Kapitel 4:   Arbeit an der akademischen Basis
Das Bildungsprogramm der AMPAS
* Zusammenarbeit mit Bildungseinrichtungen
* Das Visiting Artists Program * Stipendien und Spenden
* Das Academy Internship Program
* Das Don And Gee Nicholl Fellowships
  In Screenwriting Program
* Sonstige Stipendien * Die Student Academy Awards

Einleitung

Bei der Verleihung der Filmpreise der Academy Of Motion Picture Arts And Sciences wuchs die Zahl der Zuschauer zwischen 1929 und 2010 von 250 geladenen Gästen auf über eine Milliarde Menschen weltweit. Die Awards Of Merit For Distinctive Achievements, die unter den Namen Academy Awards oder kurz Oscars auf der ganzen Welt bekannt sind, haben eine Bedeutung erlangt, die mit keinem anderen Filmpreis der Welt vergleichbar ist. Trotz des weltweiten Interesses an den Auszeichnungen ist die Organisation, die hinter den Verleihungen steht, in der Öffentlichkeit relativ unbekannt. Ziel und Aufgabe der Organisation werden in der Regel mit den Preisverleihungen gleichgesetzt, obwohl die Aktivitäten der Academy Of Motion Picture Arts And Sciences (AMPAS) in den bisherigen 67 Jahren ihres Bestehens weitaus vielschichtiger waren.

Das vorliegende Buch beschreibt ausführlich die Öffentlichkeitsarbeit der Academy Of Motion Picture Arts And Sciences, überprüft die Ergebnisse mit den bei der Gründung festgelegten Zielen und analysiert die Ursachen für die relative Unbekanntheit der größten Organisation der Filmkünstler. Die auffallende Diskrepanz zwischen dem internationalen Ansehen, das die Academy Of Motion Picture Arts And Sciences durch die Academy Awards erfährt, und der Unbekanntheit ihrer sonstigen Ziele und Aufgaben wirft die Frage auf, worauf dieser Zustand zurückzuführen ist.

Besonders interessant ist hierbei der Aspekt, dass alle Aktivitäten der AMPAS von ihr konkret als Öffentlichkeitsarbeit bezeichnet wurden. Aus welcher Intention entstand diese Öffentlichkeitsarbeit, wie wurde sie durchgeführt und mit welchen Ergebnissen?

Darüber hinaus kann die Untersuchung als Fallstudie angesehen werden, die beschreibt, auf welche Art Non-Profit-Unternehmen Öffentlichkeitsarbeit betreiben. In ihrem Buch „Nonprofit-Marketing" haben die Autoren Werner Hasitschka und Harald Hruschka ausführlich dargelegt, dass die Vielfalt realer Erscheinungsformen von Non-Profit-Organisationen eine generelle Theorie der Non-Profit-Organisation nicht erstrebenswert macht. Eine solche Theorie könne nur auf abstrakten Annäherungen basieren, die einen Erkenntnis-Transfer auf praktische Probleme unmöglich machen würden. Da die einmalige Konzeption und Arbeitsweise der AMPAS, die im ersten Kapitel näher erläutert wird, demnach einen direkten Vergleich mit anderen Non-Profit-Organisationen nicht zulässt, können die Ergebnisse dieser Untersuchung nur als Grundlage für weitere Untersuchungen auf diesem Gebiet dienen.

Regelmäßig berichten die verschiedenen Printmedien über die AMPAS, wobei allerdings fast ausschließlich die Academy Awards thematisiert werden. Praktisch existiert kein historisches Material außerhalb der privaten Archive der Organisation. Bücher wie „A Historical Study Of The Academy Of Motion Picture Arts And Sciences (1927 - 1947)" von Pierre Norman Sands oder „The Inauguration Of 'Oscar' - Sketches And Documents From The Early Years Of The Hollywood Academy Of Motion Picture Arts And Sciences And The Academy Awards, 1927 - 1930" von Erika J. Fischer befassen sich zwar mit der Geschichte der AMPAS, beschränken sich dabei allerdings auf die Gründung und die frühen Jahre der Organisation.

Da es darüber hinaus keine Untersuchungen oder Dokumentationen über die Geschichte der AMPAS gibt, war es unumgänglich, sich für dieses Buch in erster Linie auf die privaten Archive der AMPAS zu konzentrieren. Als große Hilfe stellten sich dabei die internen Publikationen der AMPAS heraus. Unter verschiedenen Titeln veröffentlichte sie Informationen für die Mitglieder sowie Jahresberichte, die ausführlich über die Aktivitäten der Organisation berichteten. Durch die Diskontinuität, mit der diese Veröffentlichungen erschienen, ist es nur schwer möglich, einen umfassenden Einblick in die Aktivitäten der AMPAS zu erlangen, aber die Vielzahl der Informationen über die Jahre erlaubt es, bestimmte Tendenzen und Verfahrensweisen aufzuzeigen. Aufgrund der Quellenlage befasst sich dieses Buch zunächst mit der empirischen Darstellung der Öffentlichkeitsarbeit der AMPAS. Zu diesem Zweck wurden umfangreiche Quellen rezipiert, die zum überwiegenden Teil erstmals zugänglich gemacht werden. Es sollte jederzeit berücksichtigt werden, dass die internen Publikationen der Organisation natürlich ein einseitiges, zumeist positives Bild der Organisation vermitteln. Um diesem Sachverhalt Rechnung zu tragen, wurden soweit möglich auch sekundäre Quellen hinzugezogen.

Die Analyse der verschiedensten Aktivitäten der AMPAS, die nach der primären Quellenarbeit erfolgt, lässt Rückschlüsse auf die Konzeption ihrer Öffentlichkeitsarbeit zu und trägt darüber hinaus dem besonderen Charakter der Organisation Rechnung. Ergänzend werden in der abschließenden Zusammenfassung und Bewertung dieser Untersuchung allgemeine Bezüge zur PR-Theorie aufgezeigt. Die Begriffe Public Relations und Öffentlichkeitsarbeit werden im Folgenden synonym verwendet, was nach Günter Barthenheier in Deutschland möglich und üblich ist.

Folgende Gründe waren bei der Konzeption der Untersuchung von entscheidender Bedeutung. Erstens gilt die AMPAS als außergewöhnliche Non-Profit-Organisation, die maßgeblich an der Entwicklung des Mediums Film beteiligt war, zweitens hat sie eine internationale Bedeutung erlangt, die eine Beschäftigung mit ihren Aktivitäten sinnvoll erscheinen lässt und legitimiert. Drittens leistet die AMPAS durch ihre Programme im Rahmen der Öffentlichkeitsarbeit wichtige Beiträge für die unterschiedlichsten Zielgruppen, viertens dient sie als Ergänzung zu den bisherigen Arbeiten, die sich auf die Academy Awards konzentrieren, und fünftens existiert bislang keine Untersuchung dieser Art.

Die Kapitel 1 und 2 liefern eine Einführung in die Thematik. Sie beschreiben die Situation der Filmindustrie in den zwanziger Jahren, untersuchen die Gründungsgeschichte, Struktur und Organisation der AMPAS und stellen die jeweilig zuständigen Abteilungen der Öffentlichkeitsarbeit vor. In den Kapiteln 3 bis 11 werden die verschiedenen Aktivitäten der AMPAS chronologisch vorgestellt und analysiert. Kapitel 12 befasst sich anschließend mit den festen Einrichtungen der AMPAS, und die Kapitel 13 und 14 widmen sich sowohl der geschichtlichen Entwicklung als auch dem Wert und der Bedeutung der Academy Awards. In Kapitel 15 werden schließlich die Ergebnisse der Analysen zusammengefasst und mit allgemeinen Bezügen zur PR-Theorie abschließend beurteilt.

Der Basistext dieses Buches entstand als Abschlussarbeit im Studiengang Publizistik und Kommunikation an der Ruhr Universität Bochum. Im Jahr 2010 wurde der Text aktualisiert und komplett überarbeitet. Eine englische Version des Ursprungstexts ist in der Margret Herrick Library der AMPAS unter dem Titel „PR for AMPAS: intention, shaping and analysis of public relations of the Hollywood „Academy of Motion Picture Arts and Sciences" mit der Katalognummer PN1993.44 A32D67 verfügbar.

Kapitel 1: Wie alles begann

Die Gründung der Academy Of Motion Picture
Arts And Sciences (AMPAS)

Die amerikanische Filmindustrie in den zwanziger Jahren

Bevor man sich die Gründungsgeschichte der Academy
Of Motion Picture Arts And Sciences genauer ansieht, ist es
notwendig, einleitend die Situation der amerikanischen
Filmindustrie in den zwanziger Jahren zu betrachten.

Die ungeordneten Anfänge der Filmindustrie begannen in
den zwanziger Jahren die ersten Probleme aufzuwerfen. Das
rapide Wachstum Hollywoods, am ehesten vergleichbar mit
den Tagen des Gold-Rush, führte zu einer unübersichtlichen
und chaotischen Lage innerhalb der Filmindustrie. Neue
Studios öffneten monatlich und wurden genau so schnell
wieder geschlossen, Vermögen wurden über Nacht gemacht
und über Nacht wieder verloren. Die Wurzeln der Filmindustrie,
geprägt vom Cowboytum und der Schaustellerei früherer Tage,
führten zu einem zwiespältigen Image. Und auch die Inhalte
der Filme, die sich mit sensationellen Stoffen gegenseitig
überboten, begannen Gegenstand der Kritik zu werden.

Mitte der zwanziger Jahre produzierte Hollywood fast 500
Filme pro Jahr, und die Filmindustrie war die viertgrößte
Industrie Amerikas. Die Einflussmöglichkeiten des neuen
Massenmediums wurden von vielen Organisationen erkannt,
und aus den Bereichen Politik, Finanzen und Religion wurde
immer häufiger der Wunsch nach Zensur und gesetzlicher
Einschränkung der Filmindustrie geäußert. Mittlerweile
hatten sich einige große Studios, die auf einem festen
Kapitalfundament standen und mit festen Produktionsplänen

arbeiteten, aus der Masse herauskristallisiert, und diese Studios suchten nach einem Weg, sich gegen die drohenden Einschränkungen zu schützen.

Zur gleichen Zeit begannen revolutionäre Experimente mit dem Tonfilm das Ende des Stummfilms anzukündigen, und es wurde immer deutlicher, dass sich die Filmindustrie in der größten Veränderungsphase ihrer noch kurzen Geschichte befand. Viele der kleinen Studios konnten die neue Technik nicht bezahlen und mussten schließen, was zu einer generellen Neuordnung führte. Allgemein wurde erkannt, dass eine neue Disziplin und Form entstehen musste, um den chaotischen Anfängen zu entwachsen und die Filmindustrie als ernsten Wirtschaftszweig zu etablieren.

Vor 1918 gab es in Hollywood keine Bestrebungen, Gruppen zu organisieren, um den Austausch von kreativen Ideen, mögliche gesellschaftliche Kontakte oder Diskussionen über ökonomische Probleme zu etablieren. Hollywood war eine Stadt der Individualisten, in der jedes Studio streng seine technische Forschung behütete, Auseinandersetzungen vor Gericht geklärt wurden und jeder für sich allein stand. 1918 kam es dann zu einem ersten Streik von Studiotechnikern, und bis zur Mitte der zwanziger Jahre hatte sich der Arbeitskampf in Hollywood wesentlich verschärft. Am 29. November 1926 unterzeichneten die neun führenden Studios Hollywoods und fünf Gewerkschaften mit dem Studio Basis Agreement den ersten offiziellen Gewerkschaftsvertrag in der Geschichte Hollywoods. Da das Studio Basis Agreement allerdings nur für die handwerklichen Berufsgruppen der Filmindustrie abgeschlossen wurde, war es abzusehen, dass auch die kreativen Berufsgruppen bald nach einer allgemeinen Einigung streben würden.

George Likeness fasst die Situation in seinem Buch „The Oscar People" mit dem Satz zusammen: „Es war offensichtlich, dass Hollywood ein neues Image benötigte, wenn es die Früchte des Wachstums ernten wollte."

und auch der spätere Mitbegründer der Academy Of Motion Picture Arts And Sciences, Frank Woods, erkannte:

„...die Leinwand und alle Beschäftigten standen unter einer großen alarmierenden Wolke aus öffentlicher Zensur und Verachtung."

Die Angst vor der drohenden Zensur, die durch die vielen Skandale der Anfangstage der Filmindustrie immer näher rückte, der allgemeine Umschwung durch die Einführung des Tonfilms sowie das Aufkommen der Gewerkschaftsbewegung führten in Hollywood zu dem Wunsch, die Filmindustrie zu festigen und neu zu ordnen. Dies war der Zeitpunkt, an dem sich die Academy Of Motion Picture Arts And Sciences gründen sollte.

Die Gründung der AMPAS

Die Idee zur Gründung einer „Organisation zum Wohle der gesamten Filmindustrie" entstand während einer Zusammenkunft des Produzenten Louis B. Mayer, des Schauspielers Conrad Nagel und des Regisseurs Fred Niblo. Die drei beschlossen, ein Treffen einzuberufen, zu dem sie Repräsentanten aller wichtigen Berufsgruppen innerhalb der Filmindustrie einladen wollten, um dort die Gründung einer Organisation zu diskutieren, die vereint die Interessen der Filmindustrie vertreten und sich gegen die ständig wachsende Kritik innerhalb der Gesellschaft wenden sollte.

Für den 11. Januar 1927 wurde dieses Treffen im Ambassador Hotel in Los Angeles arrangiert, und 36 Vertreter aller kreativen Bereiche der Filmindustrie folgten der Einladung. Die anwesenden Schauspieler, Autoren, Regisseure, Produzenten und Techniker zeigten sich begeistert von der Idee, und gemeinsam beschlossen sie, unter dem Titel International Academy Of Motion Picture Arts And Sciences eine Non-Profit-Organisation zum Wohle der Filmindustrie zu gründen. Allgemeines Ziel der Organisation sollte es sein „die Filmindustrie zu bewerben und zu verbessern" und „sich als gleichwertige kreative Kunstform zu etablieren".

Am 4. Mai 1927 wurde die AMPAS vom Staat Kalifornien offiziell anerkannt, und eine Woche später, am 11. Mai 1927, fand im Biltmore Hotel in Los Angeles ein Eröffnungsbankett statt. Von den 300 anwesenden Gästen, denen die geplanten Ziele und Aufgaben der AMPAS erläutert wurden, traten 231 spontan der neuen Organisation bei, und damit begann die offizielle Arbeit der AMPAS.

Schon bald wurde Kritik an der Gründung der AMPAS geäußert, die sich nur fünf Wochen nach der Unterzeichnung des Studio Basis Agreement formierte. In einer späteren Stellungnahme der Autoren- und Schauspieler-Gewerkschaft heißt es:

„Um sich den Vorteil einer Arbeitgebervereinigung zu sichern, noch bevor jemand auch nur auf die Idee kam, eine Arbeitnehmergewerkschaft zu gründen, trafen sich einige Schauspieler-Produzenten sowie Produzenten-freundliche Autoren und Regisseure unter der Leitung von Louis B. Mayer und gründeten die AMPAS."

Auch andere sahen ähnliche Tendenzen zu den Hintergründen der Gründung: „Mayer hatte servile Gefolgsleute eingeladen, der Erfolg war vorprogrammiert. Wieder sprach Mayer von der 'Elite', von den 'Besten, die zusammenstehen müssten' und dies in der von ihm vorgeschlagenen Organisation auch in 'demokratischer' Form tun könnten. Noch während sich die meisten Gäste umsahen und feststellten, dass von einer demokratischen Repräsentation der 'Kreativen' nicht die Rede sein konnte, denn die Mehrzahl der Anwesenden waren Produzenten, also Studiomanagement, hatte sie Louis B. Mayer am Haken: alle Anwesenden hätten die Chance, Gründungsmitglied einer ehrenvollen Institution zu werden, der 'International Academy Of Motion Picture Arts And Sciences.'"

Und gerade im Hollywood der zwanziger Jahre, in dem der Auftrieb von Schweinen durch die Stadt noch ausdrücklich erlaubt war, erschien der Begriff Academy den ersehnten Sprung ins Bildungsbürgertum zu ermöglichen.

Andere Quellen dagegen verteidigen die Gründung der Academy, ohne allerdings Mayers Einfluss zu widerlegen: „Das Projekt war keinesfalls der Versuch der Produzenten sich gegen die kreativen Berufe abzuheben… Über Mayers private Gründe kann lediglich gemutmaßt werden, aber es liegt nahe anzunehmen, dass er hoffte, auf diese Weise der Gewerkschaftsbewegung zu entkommen, vor der er große Angst hatte. Zu der Zeit waren Gewerkschaften auch unter den Kreativen keine sehr populäre Idee und viele hegten die Hoffnung, dass ein freundlicher Kontakt langfristig bessere Ergebnisse erzielen würde als direkte Auseinandersetzungen."

Oder: „Es ist eine Organisation die aus dem Gefühl des gegenseitigen Vertrauens entstand, und solange sie zu ihren

Idealen steht, wird sie all denen, denen sie dienen will, große Vorteile bringen. Keine Interessensgruppe ist in der Lage die Organisation zu kontrollieren."

Aus der sicher nicht ungerechtfertigten Kritik an der Gründung der AMPAS entstanden in der Folgezeit zahlreiche Probleme, die im Kapitel 3 näher erläutert werden. Allgemein kann festgehalten werden, dass die AMPAS, in Anbetracht der allgemeinen Situation der Filmindustrie im Jahre 1927, mit ihren bei der Gründung aufgestellten Zielen und Aufgaben eine geeignete Organisationsform schuf, um den akut vorhandenen Problemen entgegenzuwirken.

Die ersten Aufgaben und Ziele

Für die Einladungen zum Eröffnungsbankett am 11. Mai 1927 verfassten die Gründer der AMPAS ein Statement, das erstmals die Gründe für die Organisation der AMPAS aufführte und den Gästen einen Einblick in die Ziele der neuen Organisation geben sollte. Auszüge hieraus erläutern diese Ziele:

„Wir können uns gegen ungerechtfertigte Angriffe von außerhalb zur Wehr setzen. Wir können Harmonie und Solidarität zwischen den Mitgliedern und den verschiedenen Berufsgruppen fördern. Wir können bei internen Differenzen, die bestehen oder sich ergeben, vermitteln. Wir können Mittel und Wege suchen um den Wohlstand der Industrie zu verbessern und die Ehre und den guten Ruf unseres Berufsstandes zu beschützen. Wir können Verbesserungen und Fortschritte der Kunst und der Technik innerhalb unseres Berufsstandes fördern durch den Austausch von konstruktiven Ideen und durch die Vergabe von Preisen für außergewöhnliche Leistungen. Wir können Schritte unternehmen um den Einfluss und die Macht der Industrie auszubauen."

Viele der hier geäußerten Ziele und Aufgaben spiegelten die schon genannten Probleme der Filmindustrie wider und unterstrichen den existierenden Wunsch, die Industrie zu festigen und als ernsthaften Wirtschaftszweig zu etablieren. Gerade die zentrale Stellung, die die Aussage einnahm, sich gegen Kritik von außen zu wehren, zeigt, wie sehr die Filmindustrie 1927 im Kreuzfeuer der öffentlichen Meinung stand. Viele der in diesem Statement geäußerten Ziele fanden deshalb auch Einzug in die erste offizielle Liste mit Zielen und Aufgaben der AMPAS, die am 20. Juni 1927 veröffentlicht wurde:

1. Fortschritte in der Kunst und Technik der Industrie
2. Einführung von Kooperationen unter den kreativen Führungskräften der Industrie um den kulturellen, pädagogischen und technischen Fortschritt zu fördern
3. Kooperationen im Bereich technische Forschung und Verbesserung von Methoden und Ausrüstung
4. Schaffung eines Forums für die unterschiedlichen Berufssparten
5. Repräsentation der Meinung der tatsächlichen Macher der Filmindustrie
6. Einführung pädagogischer Aktivitäten zwischen der Öffentlichkeit und der Filmindustrie, und
7. Anerkennung von außergewöhnlichen Leistungen in der Filmindustrie

Die Liste der Ziele der AMPAS kann man als direkte Antwort auf die Situation der Filmindustrie verstehen, sie reagierte auf die schon genannten Probleme und fügte darüber hinaus weitere wichtige Punkte hinzu. Durch die Zusammenarbeit führender Industrievertreter mit dem Ziel, einen Fortschritt in kulturellen, pädagogischen und technischen Bereichen zu erreichen, sollte das öffentliche Bild der Filmindustrie verbessert werden. Kooperationen auf technischem Gebiet wurden durch die noch zum größten Teil unbekannten Techniken des Tonfilms immer notwendiger, und ein allgemeines Forum für alle Mitarbeiter der Filmindustrie sollte für einen fachlichen und gesellschaftlichen Austausch sorgen. Als Organisation der gesamten Filmindustrie konnte die AMPAS außerdem wesentlich effektiver der bestehenden Kritik begegnen und ihr durch spezielle Aktivitäten vorbeugend entgegenwirken. Die Verleihung von Preisen für herausragende Leistungen innerhalb der Filmindustrie nahm bei der Gesamtgestaltung der AMPAS eine eher untergeordnete Rolle ein, obwohl gerade dieser Punkt in der Zukunft der AMPAS die größte Aufmerksamkeit schenken sollte.

Neben den aufgeführten Zielen ist es besonders ein Faktor, der durch die Gründung der AMPAS erfolgte, ohne dass ihm bei der Formulierung der Ziele und Aufgaben größere Aufmerksamkeit geschenkt wurde. Donald Gledhill stellt fest:

„Vor der Gründung der Academy gab es wenige Bestrebungen Gruppen zu formieren. Dann, im März 1927, wurde die Academy of Motion Picture Arts and Sciences gegründet und plötzlich wurde sich Hollywood der Kraft der Gruppen bewusst."

In der ersten Ausgabe des internen Magazins der AMPAS, Academy Bulletin, wurden die Ziele auf einen kleinen Nenner gebracht: „Das Ziel der Academy ist die Vereinigung und Koordination der fünf wichtigsten Berufssparten der Filmindustrie zum Wohle, Fortschritt und Schutz der Industrie und ihrer Berufe."

Die bei der Gründung festgelegten Ziele bewährten sich in der Folgezeit, und abgesehen von einer wichtigen Ergänzung und kleinen Erweiterungen bilden sie auch heute noch das Grundgerüst der Academy. Die aktuellen Ziele und Aufgaben wurden im Jahr 1988 in den By-Laws Of The Academy Of Motion Picture Arts And Sciences unter Artikel 2 aufgelistet:

Die Ziele der Academy sind:

1. Die Förderung der Kunst und Technik der Filme sowie von Kooperationen der kreativen Führungsköpfe der Filmindustrie für den kulturellen, pädagogischen und technischen Fortschritt.

2. Die Anerkennung von außergewöhnlichen Leistungen durch die Verleihung von jährlichen Preisen, welche zum einen die Industrie anregen und zum anderen einer breiten Öffentlichkeit die besten Seiten der Filmindustrie vorstellen.

3. Die Förderung von gemeinsamer technischer Forschung und der Verbesserung von Methoden und Ausrüstung.

4. Die Schaffung eines einheitlichen Forums für alle Berufsgruppen, die Unterstützung von Publikationen und Einrichtung einer Stelle welche unparteiisch Leistungen dokumentiert und Statistiken erstellt.

5. Die Schaffung einer Organisation mit etabliertem Prestige welcher ausdrücklich verboten ist, sich um wirtschaftliche, politische oder arbeitsrechtliche Belangen zu kümmern.

6. Die Repräsentation der Meinung der aktuell Filmschaffenden gegenüber der Öffentlichkeit und eine symbolische Führungskraft, vergleichbar zu anderen akademischen Instituten und Stiftungen.

7. Die Förderung pädagogischer Aktivitäten zwischen der Öffentlichkeit und der Filmindustrie mit besonderem Schwerpunkt auf die Einrichtung von Filmkursen in Universitäten und die Vergabe von Stipendien.

8. Die Erledigung sämtlicher anfallender administrativen Arbeiten für die Leitung einer nicht-wirtschaftlichen, unpolitischen, pädagogischen und professionellen

Vereinigung welche als Non-Profit Organisation nach Kalifornischen Recht registriert ist.

Die Verleihung der Awards hat nun entsprechend ihrer weltweiten Bedeutung eine zentrale Stellung innerhalb der Ziele der AMPAS eingenommen, und auch die weiteren Ergänzungen spiegeln die Entwicklung der AMPAS wider. Diese Entwicklung wird in der folgenden Untersuchung näher beschrieben und verdeutlicht. Neu hinzugekommen ist der Punkt 5 der By-Laws, welcher der AMPAS verbietet, sich mit ökonomischen, politischen und arbeitsrechtlichen Belangen auseinanderzusetzen. 1937 wurde dieser Punkt in die Verordnung der Academy aufgenommen, und wie es dazu kam, wird im Kapitel 3 ausgiebig erläutert.

Organisation und Struktur

Die Mitglieder der AMPAS werden nach Berufsgruppen in sogenannte „branches" unterteilt. Repräsentanten der einzelnen „branches" bilden den Board Of Govenors, welcher den Präsidenten der Academy wählt und den Executive Director einstellt. Während der Präsident in erster Linie Repräsentationspflichten erfüllt, leitet der Executive Director die Verwaltung der Academy und ist dem Board Of Govenors gegenüber verantwortlich. Im Folgenden werden die einzelnen Bestandteile der Struktur der AMPAS genauer betrachtet.

Die Mitglieder

„Die Mitgliedschaft in der Academy ist beschränkt auf Personen, welche sich in der Filmindustrie durch besondere Fähigkeiten bewährt haben, und nur durch Einladung vom Board Of Govenors möglich."

Diese Regelung der Mitgliedschaft in der AMPAS existiert seit den Gründungstagen. Schon bei den Einladungen für das Eröffnungsbankett der AMPAS am 11. Mai 1927 achteten die 36 Gründer darauf, dass nur Mitglieder der Filmindustrie eingeladen wurden, die sich in ihrem Bereich durch besondere Fähigkeiten auszeichneten. Die „führenden Köpfe aus verschiedenen Bereichen der Filmproduktion" erhielten die Möglichkeit, Mitglied der neu geschaffenen Organisation zu werden, und von den 300 eingeladen Gästen traten 231 spontan der AMPAS bei. Seit diesem Tag können neue Mitglieder nur beitreten, wenn sie von zwei Mitgliedern der AMPAS, die derselben Berufsgruppe wie der Kandidat angehören, unterstützt werden und sie über ausgezeichnete Fähigkeiten in ihrem Bereich verfügen. Über Art und Form dieser Fähigkeiten entscheidet die Vertretung der jeweiligen Berufsgruppe, und bei einem positiven Bescheid leitet sie die Entscheidung weiter zum Board Of Govenors. Allein der Board Of Govenors darf eine Einladung zur Mitgliedschaft in der AMPAS aussprechen.

Die AMPAS betont, dass es nie Bestrebungen gab, die Mitgliedschaft künstlich in die Höhe zu treiben. Schon bei dem Eröffnungsbankett wurde unter den Gründern die Parole ausgegeben, „...nicht jede beliebige Person zu rekrutieren, sondern klarzumachen, dass es sich um eine Einladung handelt und man sich frei zur Mitgliedschaft entscheiden kann." Trotz dieser Einschränkung wuchs die Zahl der AMPAS Mitglieder, und schon im Juni 1927 verkündete das Mitgliedermagazin Academy Bulletin:

„Die Zahl der Mitglieder der Academy steigt seit dem Gründungsdinner stetig an, trotz der Tatsache, dass diese Entwicklung nicht forciert wurde und auch in Zukunft keine Bestrebungen unternommen werden, diese zu forcieren."

In den folgenden Jahren stieg die Mitgliederzahl der AMPAS weiter an, und 1932 zählte sie schon über 800 Mitglieder. Durch die Auseinandersetzungen mit den verschiedenen Gewerkschaften, die im Kapitel 3 näher erläutert werden, kam es im Verlauf der dreißiger Jahre zu einem Massenaustritt von Schauspielern und Autoren und die Mitgliederzahl sank auf knapp 400. Seit der Beilegung der Auseinandersetzungen im Jahr 1937 stieg die Mitgliederzahl wieder, und heute verfügt die Academy über mehr als 5500 Mitglieder.

Die Mitgliedschaft in der Academy kann vier verschiedene Formen annehmen, „active", „honorary", „associate" und „life". „Active membership" ist die normale Form der Mitgliedschaft, für alle Mitglieder, die regulär einer der AMPAS-Berufsgruppen angehören oder deren Berufsbild in keine der vorgegebenen Kategorien passt. „Active members" zahlen einen Mitgliedsbeitrag und sind voll stimmberechtigt. „Honorary members" sind speziell von der AMPAS ausgezeichnete Ehrenmitglieder, sie müssen keine Beiträge bezahlen und verfügen über kein Stimmrecht. „Associate members" sind Personen, die in der Filmindustrie arbeiten, aber nicht an der Produktion beteiligt sind. Sie bezahlen den Mitgliedsbeitrag, sind aber nicht stimmberechtigt. „Life members" verfügen über alle Rechte eines „active members", müssen allerdings keinen Mitgliedsbeitrag bezahlen. Alle ehemaligen AMPAS-Präsidenten werden automatisch zu „life members". Über die jeweilige Form der Mitgliedschaft entscheidet der Board Of Govenors.

Die Branches oder Berufsgruppen

Der Grundgedanke der AMPAS war die Erschaffung einer Organisation, die alle Bereiche der Filmproduktion vereinigt. Deshalb wurden bei der Gründung die fünf „branches" Actors,

Directors, Writers, Producers und Technicians eingerichtet mit dem Ziel, durch die Aufteilung der Mitglieder in Berufsgruppen alle Facetten der Filmproduktion abzudecken. Mit der Komplexität der Filmproduktion wuchs auch der Bedarf nach neuen „branches" und aus den anfänglich fünf „branches" sind mittlerweile fünfzehn geworden.

Die ursprüngliche Aufteilung in fünf „branches" begann 1931 aufzubrechen, als sich innerhalb der „Technicians branch" die Unterbereiche „Art Direction", „Equipment", „Film Editors", „Photographic" und „Sound" bildeten. Der Bereich Technik wurde von der „branch" als zu komplex angesehen, um unter einem einzigen Oberbegriff fassbar zu sein. Aufgrund dieser Aufsplitterung beschloss die AMPAS, Unterbereiche innerhalb der einzelnen „branches" offiziell zuzulassen.

Bis 1941 wurden mit der „Public Relations Branch", der „Short Subject Branch" und der „Music Branch" die ersten zusätzlichen „branches" eingerichtet. Die „Technicians Branch" splitterte sich gemäß ihrer eigenen Unterteilung in die Gruppen „Art Direction Branch", „Photographic Branch", „Film Editing Branch" und „Sound Branch" auf. Schließlich erfolgte 1947 die Zweiteilung der „Producer Branch" in die „Executive Branch" und die „Producer Branch".

Über den langen Zeitraum von 1927 bis 2010 veränderten sich die Namen einzelner „branches" und bestimmte Unterbereiche wurden neuen branches zugeteilt. Heute ist die AMPAS in die fünfzehn „branches" Actors (1205), Art Directors (374), Cinematographers (200), Directors (366), Documentary (151), Executives (437), Film Editors (221), Makeup Artists & Hairstylists (118), Music (234), Producers (452), Public Relations (368), Short Films and Feature Animation (340), Sound (405), Visual Effects (279) und Writers (382) unterteilt - in den Klammern steht die Zahl der Mitglieder der einzelnen "branches" (Stand März 2010). Darüber hinaus gibt es eine weitere Form der Mitgliedschaft für Personen aus der Filmindustrie, die nicht den bestehenden „branches" zugeordnet werden können. Diese Personen können als „members at large" Mitglied der AMPAS werden.

Jede „branch" ist autonom und trifft sich so oft es nötig ist, um die internen Probleme zu lösen. Innerhalb der „branches" werden Verantwortliche gewählt, und aus den Repräsentanten der fünfzehn „branches" setzt sich der Board Of Govenors der AMPAS zusammen.

Der Board Of Govenors

Der Board Of Govenors setzt sich aus je drei Repräsentanten der fünfzehn „branches" der AMPAS zusammen (nur die Makeup Artists & Hairstylists branch hat nur einen Repräsentanten) und bestimmt und kontrolliert die generelle Politik der AMPAS. Die Amtszeit eines Repräsentanten beträgt drei Jahre, allerdings wird jeweils ein Vertreter jeder „branch" im jährlichen Rhythmus ausgewechselt. Auf diese Weise wird eine kontinuierliche Arbeit des Board Of Govenors gewährleistet und eine Mischung aus alten und neuen Kräften entsteht.

Der Board of Govenors ist die entscheidende Instanz der AMPAS. Er stellt den Executive Director ein, dem die Verwaltung der AMPAS unterliegt, wählt aus seinen Reihen den Präsidenten der AMPAS und ist alleine berechtigt, Einladungen zur Mitgliedschaft auszusprechen. Generell bestimmt der Board Of Govenors die Aktivitäten der AMPAS, für die Durchführung ist die ausführende Belegschaft unter Leitung des Executive Directors zuständig.

Bis 1933 agierte der Board of Govenors unter dem Namen Board Of Directors und bestand wie heute aus je drei Vertretern der „branches". 1947, als die Zahl der „branches" auf elf gestiegen war, wurden nur noch zwei Repräsentanten je „branch" in den Board Of Govenors entsandt, um auch weiterhin ein effektives Arbeiten des Board zu gewährleisten. 1973 führte der damalige AMPAS-Präsident Gregory Peck die ursprüngliche Zahl von drei Vertretern pro „branch" wieder ein, allerdings mit der Einschränkung, dass der dritte Vertreter entweder unter 35 Jahren alt oder nicht länger als fünf Jahre Mitglied der AMPAS ist. Durch diese Regelung sollte der Board Of Govenors mit jungem Blut versorgt werden und neue Impulse erhalten.

Der Präsident

Der Präsident der AMPAS wird vom Board Of Govenors aus seiner Mitte gewählt und seine Amtszeit beträgt ein Jahr. Er leitet die Sitzungen des Board und ihm unterliegt die offizielle Leitung der Organisation. In erster Linie hat der Präsident außerdem Repräsentationsaufgaben zu erfüllen, und oft bestimmt sein Engagement wesentlich die Aktivitäten der AMPAS. So war es zum Beispiel Fay Kanin, die durch ihre Europa-Reise 1980 für neue internationale Kontakte sorgte, oder Gregory Peck, der durch sein Engagement Ende der sechziger Jahre eine Neustrukturierung des Board Of Govenors einleitete und sich intensiv darum kümmerte, neue Programme für die Öffentlichkeit einzuführen.

Die Präsidenten der Academy von 1927 bis heute

1927–1929:	Douglas Fairbanks
1929–1931:	William C. DeMille
1931–1932:	M. C. Levee
1932–1933:	Conrad Nagel
1933–1934:	J. Theodore Reed
1934–1935:	Frank Lloyd
1935–1939:	Frank Capra
1939–1941:	Walter Wanger
1941:	Bette Davis (tritt nach zwei Monaten zurück)
1941–1945:	Walter Wanger
1945–1949:	Jean Hersholt
1949–1955:	Charles Brackett
1955–1958:	George Seaton
1958–1959:	George Stevens
1959–1960:	B. B. Kahane (verstirbt)
1960–1961:	Valentine Davies (verstirbt)
1961–1963:	Wendell Corey
1963–1967:	Arthur Freed
1967–1970:	Gregory Peck
1970–1973:	Daniel Taradash
1973–1977:	Walter Mirisch
1977–1979:	Howard W. Koch
1979–1983:	Fay Kanin
1983–1985:	Gene Allen
1985–1988:	Robert Wise
1988–1989:	Richard Kahn
1989–1992:	Karl Malden
1992–1993:	Robert Rehme
1993–1997:	Arthur Hiller
1997–2001:	Robert Rehme
2001–2005:	Frank R. Pierson
2005–2009:	Sid Ganis
2009– ?:	Tom Sherak

Die Verwaltung

Für die allgemeine Verwaltung der AMPAS und die Durchführung der vom Board Of Govenors beschlossenen Projekte sorgen Angestellte, die der Leitung eines Executive Directors unterstehen. Der Executive Director wird vom Board Of Govenors eingestellt und ist ihm gegenüber verantwortlich. Mit dem Wachstum der AMPAS erhöhte sich auch die Zahl der Angestellten zwischen 1959 und 1978 von 26 auf 64. Heute gibt es für jedes Projekt der AMPAS einen „Coordinator", der für den korrekten Ablauf des Projekts sorgt, und insgesamt beschäftigt die AMPAS mehrer hundert Personen.

Auch das Engagement des Executive Director kann die Aktivitäten der AMPAS beeinflussen, wie sich am Beispiel von Margaret Herrick beweisen lässt. In ihrer Zeit als Executive Director in den 40er und 50er Jahren hat sie durch Auslandsreisen und Repräsentationsaufgaben die Entwicklung der AMPAS maßgeblich mitbestimmt. Ihr zu Ehren trägt die Bibliothek der AMPAS den Namen Margaret Herrick Library.

Die Committees

Schon früh begann die AMPAS für Projekte und Probleme, die außerhalb der Zuständigkeit einzelner „branches" lagen, spezielle Komitees einzurichten. In diese Komitees wurden Fachleute aus verschiedenen „branches" berufen, die sich gemeinsam um das jeweilige Projekt kümmerten bzw. nach einer Lösung für ein bestimmtes Problem suchten.

In der ersten Ausgabe des Mitgliedermagazins Academy Bulletin vom 1.Juni 1927 wurde als eines der ersten Komitees das „Committee On College Affairs" vorgestellt, welches sich um die Zusammenarbeit zwischen der AMPAS und verschiedenen Universitäten kümmerte. Fünf Monate später listete der Academy Bulletin No. 5 schon eine ganze Reihe von eingerichteten Komitees auf, unter anderem das „Conciliation Committee", welches sich mit arbeitsrechtlichen Problemen auseinandersetzte, das „Publication Committee", zuständig für die Erstellung des Academy Bulletin, das „Public Relations Committee", zuständig für die Öffentlichkeitsarbeit oder das „Awards Of Merit Committee", welches sich mit der geplanten Verleihung von Filmpreisen beschäftigte.

Die Form der Komiteebildung hat sich bei der Arbeit der AMPAS überaus bewährt und wird auch heute noch praktiziert. Im Annual Report des Jahres 1991/1992 wurden 35 ständige Komitees aufgeführt, die alle Bereiche der AMPAS-Aktivitäten abdecken.

Einzelne Komitees waren entscheidend an der Entwicklung der AMPAS beteiligt und werden im Verlauf des Buches näher vorgestellt.

Die Academy Foundation

1944 wurde die Academy Foundation als unabhängige Tochtergesellschaft der AMPAS gegründet. Ziel der Stiftung sollte es sein, die pädagogischen und kulturellen Aktivitäten der AMPAS zu organisieren, sowie sich um die Geschichte und die Zukunft der Filmindustrie zu kümmern. Die Stiftung ist als gemeinnützig anerkannt, womit Spenden an die Academy Foundation steuerlich absetzbar sind und öffentliche Mittel beantragt werden können.

Dass gerade dieser letzte Punkt maßgeblich die Einrichtung der Stiftung bestimmte, beweist der Jahresbericht A Report Of The President im Jahr 1949:

„Die Academy Foundation, gegründet um steuerfreie Spenden für die kulturellen Projekte der Academy zu ermöglichen...",

Durch die Academy Foundation ist es der AMPAS möglich, ihren finanziellen Haushalt für kulturelle Projekte durch Spenden und öffentliche Gelder aufzustocken. Darüber hinaus besteht für die potentiellen Spender die Möglichkeit, ihre Geld- oder Sachspenden steuerlich geltend zu machen. Dieser Weg erwies sich als vorteilhaft für alle Seiten und führte dazu, dass durch die neuen Mittel das kulturelle Programm der AMPAS wesentlich ausgebaut werden konnte.

Offiziell voneinander getrennt, arbeiten AMPAS und Academy Foundation dennoch eng zusammen, und die wesentlichen Funktionen innerhalb der Foundation sind von AMPAS-Mitgliedern besetzt. Durch diesen Umstand ist es nicht weiter verwunderlich, dass der Unterschied zwischen den beiden Organisationen kaum bekannt ist. Sogar innerhalb der AMPAS ist die Existenz der Academy Foundation eher unbekannt, wie ein Bericht aus dem Mitgliedermagazin The Bulletin aus dem Jahr 1977 beweist:

„Nur wenigen Academy Mitgliedern ist die Existenz der Academy Foundation bewusst, dabei spielt sie eine immer wichtigere Rolle in den kulturellen und pädagogischen Unternehmungen der Academy."

Die Einrichtung der Academy Foundation erweiterte die Möglichkeiten der AMPAS wesentlich, und gleich das erste Projekt der Stiftung unterstrich ihre Bedeutung für die

Filmindustrie. Die in der Library Of Congress vorhandene Paper Film Collection, welche die einzige authentische Dokumentation der amerikanischen Filmgeschichte zwischen 1894 und 1912 beinhaltet, sollte wieder in ihre ursprüngliche Filmform gebracht werden. Diese umfangreiche Aufgabe sicherte erstmalig die Ursprünge der Filmgeschichte und machte sie sowohl für die Filmindustrie als auch für Studenten und Wissenschaftler verfügbar.

Die AMPAS versteht die Academy Foundation als Teil ihrer Organisation, zuständig für die Bereiche Bildung, Kultur und Filmgeschichte, und ihre Mitglieder versorgen die Stiftung mit der nötigen finanziellen Grundlage:

„Die unterschiedlichen Aktivitäten der Academy Foundation repräsentieren das Herz der Academy Aufgabe die Geschichte der Filmindustrie zu bewahren und die Anerkennung dieser Kunstform zu fördern. Dass diese wichtige Arbeit fortgeführt werden kann ist den Mitgliedern und Freunden der Academy Of Motion Picture Arts And Sciences zu verdanken, die großzügig ihre Zeit, ihr Mittel sowie ihre persönlichen Aufzeichnungen und Sammlungen zur Verfügung stellen, zur Verbreitung eines besseren Verständnisses der wichtigsten Kunstart dieses Jahrhunderts."

Da die Grenzen zwischen der AMPAS und der Academy Foundation fließend sind und sich in erster Linie auf den Verwaltungsapparat beschränken, wird im weiteren Verlauf dieses Buches keine Trennung zwischen den Aktivitäten der beiden Organisationen vorgenommen.

Sitz der Organisation

Von den ersten Mitgliedsbeiträgen mietete die AMPAS im November 1927 Büroräume im Hollywood Roosevelt Hotel in Los Angeles an. Die Räumlichkeiten umfassten einen großen Raum, der als sozialer Treffpunkt für die Mitglieder dienen sollte, eine kleine Empfangshalle, eine Küche, einen Büroraum sowie ein Konferenzzimmer für den Board Of Govenors. In der Empfangshalle begann die AMPAS, mit der Sammlung von Filmperiodika den ersten Bestand für eine geplante Bibliothek anzulegen. Im Juni 1930 stellten sich die Räumlichkeiten als zu eng für die mittlerweile 13 Mitarbeiter heraus, und die AMPAS bezog großzügigere Büroräume im Professional Building, das in direkter Nachbarschaft zum Roosevelt Hotel lag. Die stetig wachsenden Bestände der AMPAS-Bibliothek sowie die wachsende Zahl an Mitarbeitern machten einen weiteren Umzug im Jahr 1935 notwendig. Die Büroräume wurden in das Taft Building verlegt, und die Bibliothek erhielt eigene Räumlichkeiten in der North Gordon Street.

1946 konnte die AMPAS durch den Erwerb eines eigenen Gebäudes ihre Büroräume und die Bibliothek wieder unter einem Dach vereinigen. Für 150.000 Dollar übernahm sie von der Firma Fox West Coast ein ehemaliges Kino an der Melrose Avenue. Das Gebäude bot genügend Platz für Büroräume und die Bibliothek und beinhaltete darüber hinaus ein Kino mit 900 Sitzplätzen. Endlich konnte die AMPAS ihren Plan von einem eigenen Kino verwirklichen, und nach dem Umbau wurde es unter dem Namen Academy Award Theatre in Betrieb genommen. Die Finanzierung des ersten eigenen Gebäudes sollte durch die Vermietung des Kinos an Filmstudios und eigene Filmvorführungen gewährleistet werden.

Anfang der siebziger Jahre ermöglichte die gesicherte finanzielle Lage der AMPAS den Neubau eines eigenen Gebäudes. 1975 wurde der neue, sechsstöckige Sitz der Organisation am Wilshire Boulevard eingeweiht. Im Erdgeschoß befand sich eine große Eingangshalle und das Büro des Kinomanagers, die erste Etage nahm ein Kino mit 1111 Sitzplätzen, das Samuel Goldwyn Theater, ein, in der zweiten Etage befand sich das Filmarchiv der AMPAS sowie ein kleiner Filmvorführraum, die dritte und vierte Etage nahm die Margaret Herrick Library ein, in der fünften Etage befanden sich das Mitgliederbüro und die Redaktionen der AMPAS-Publikationen, und in der sechsten Etage waren die Büroräume der Angestellten, des Präsidenten, des Executive Director und des Board Of Govenors. Zum ersten Mal waren alle Einrichtungen der AMPAS in idealer Weise in einem Gebäude untergebracht.

Auch heute befinden sich die Büroräume und das Kino der AMPAS noch in diesem Gebäude am 8949 Wilshire Boulevard in Beverly Hills. 1991 zogen die Margaret Herrick Library und das Academy Film Archive in das neu eingerichtete Center For Motion Picture Study in Beverly Hills. Im Jahr 2002 wurde das Center in Fairbanks Center for Motion Picture Study umbenannt, zu Ehren des ersten Academy Präsidenten Douglas Fairbanks, Sr. Im gleichen Jahr wurde das Filmarchiv in das neue Pickford Center for Motion Picture in Hollywood ausgelagert. Die beiden Center For Motion Picture Study werden im Kapitel 11 näher vorgestellt. Die ehemaligen Räume der Bibliothek und des Filmarchivs wurden 1993 zu weiteren Büroräumen umgebaut.

Finanzen

Die ersten Mitgliedsbeiträge, die während des Eröffnungsbanketts im Mai 1927 von den 231 neuen Mitgliedern eingezahlt wurden, ermöglichten der AMPAS, ihre Arbeit mit einem gewissen Kapitalfundament zu beginnen. Büroraum wurde angemietet, Schreibkräfte eingestellt und die Initialkosten der Gründung beglichen.

In der Folgezeit finanzierte sich die AMPAS hauptsächlich durch die Mitgliedsbeiträge, durch den Verkauf ihrer Publikationen und durch die Vermietung ihres Filmtheaters an interessierte Gruppen. Aufwendige und kostspielige Projekte konnten nur mit finanzieller Hilfe der Filmindustrie durchgeführt werden. Besondere Aktionen der AMPAS, wie zum Beispiel Radiobeiträge, brachten zusätzliche Einnahmen, die allerdings sofort wieder für dringende Ausgaben verbraucht wurden. Im Mitgliedermagazin von 1947 erläuterte die AMPAS, wie die durch ein Radioprogramm eingenommenen 58.500 Dollar verwendet wurden: Für die notwendige Renovierung der Büroräume, für aufgeschobene Gehaltszahlungen, für die Erstellung von 136 Academy Awards Statuetten und für die Reise des Executive Directors zu den Internationalen Filmfestspielen in Cannes, als Vorbereitung für einen geplanten Filmkongress in Hollywood.

Die eher schlechte Finanzlage der AMPAS änderte sich erst 1953 mit Beginn der Fernsehübertragung der Awards-Verleihungen. Für 100.000 Dollar kaufte der Fernsehsender NBC die Rechte an der Übertragung. Itzhak Emanuel stellte über die Academy Awards fest:

„In der Vergangenheit hat die Academy mehr oder weniger aufgrund der Filmindustrie existiert, und das war in vielerlei

Hinsicht keine gute Sache, da es viele Leute dazu brachte zu glauben, die Academy würde nach der Pfeife der mächtigen Personen der Filmindustrie tanzen. Seitdem die Academy ihr Awards Programm im Fernsehen untergebracht hat und für die Produktion bezahlt wird, wurde die Academy komplett unabhängig von der Filmindustrie, finanziell sowie in anderen Bereichen."

1957 verkündete der Academy Report:
„Heute – nach Jahren der Arbeit unter lückenhaften Budgets und einem ständigen Existenzkampf – befindet sich die Academy Of Motion Picture Arts And Sciences in einer finanziellen Position welche ihr ermöglicht, ihren wahren Wert für unsere Industrie unter Beweis zu stellen."
Durch den großen Erfolg der Fernsehübertragungen und den daraus resultierenden wachsenden Einnahmen ist die AMPAS heute finanziell abgesichert und dabei absolut unabhängig von der Filmindustrie. Auch weiterhin erhält sie durch die Mitgliedsbeiträge, den Verkauf ihrer Publikationen, die Vermietung ihres Filmtheaters und durch spezielle Radio- und Videoproduktionen Gelder, die die Einnahmen durch den Verkauf der Fernsehrechte nicht unerheblich ergänzen.

Die Academy Awards

Jährlich verleiht die AMPAS „Awards Of Merit For Distinguished Achievements", die unter dem Namen „Academy Awards" oder „Oscars" zum bekanntesten Filmpreis der Welt wurden. Jährlich verfolgen Millionen von Fernsehzuschauern auf der ganzen Welt die Verleihung der Oscars, und innerhalb der Filmindustrie gelten sie als die größte Auszeichnung, die einem Künstler verliehen werden kann. Obwohl die Verleihung von Filmpreisen bei der Gründung der AMPAS nur eine untergeordnete Rolle spielte, haben sie mittlerweile eine Bedeutung erlangt, die rein faktisch nicht mehr nachzuvollziehen ist.

„Auf jeden Fall ist es offensichtlich, dass das Wachstum der Preisverleihung weit über die Erwartungen der Gründer hinausging. In den ursprünglichen Aufgaben der Academy Arbeit haben sie diesen Bereich nicht erwähnt. Die Academy Awards haben sich zu einem Aspekt der Academy Unternehmungen entwickelt, welche der Filmindustrie weltweite Aufmerksamkeit beschert."

Während die erste Verleihung der Academy Awards noch unbeachtet von der Öffentlichkeit erfolgte, wuchs die Aufmerksamkeit anschließend von Jahr zu Jahr. Im Jahr 1934 waren sie trotz des mittlerweile vorhandenen öffentlichen Interesses immer noch hauptsächlich innerhalb Hollywoods von Bedeutung, aber zwischen 1928 und 1956 „entwickelten sich der Academy Award of Merit von einem unbedeutendem Event zum bekanntesten Preis der Welt."

Heute wird die AMPAS oft gleichbedeutend mit dem Academy Awards genannt, obwohl ihre Aktivitäten weitaus vielfältiger sind. Aber ohne das weltweite Interesse an den Academy Awards hätte sie nie die Bedeutung erlangt, die sie heute besitzt, und diese Tatsache wird auch von der AMPAS akzeptiert: „...die jährliche Academy Award Präsentation sind das Lebensblut der Institution..."

Eine ausführliche Betrachtung der Academy Awards folgt in Kapitel 12.

Kapitel 2: Tue Gutes und rede darüber
Die AMPAS und die Öffentlichkeit

Schon früh begann die AMPAS, Kontakte zur Öffentlichkeit aufzubauen, ohne dabei allerdings einem festen Konzept zu folgen. Die AMPAS begann, die Kooperation mit verschiedenen Universitäten zu suchen und durch Reden vor gesellschaftlichen Gruppen ihre Arbeit öffentlich vorzustellen. Aus diesen ersten Kontakten entstand ein umfangreiches Bildungsprogramm, welches im Kapitel 4 näher vorgestellt wird. Bis 1930 wurde die Arbeit der AMPAS so umfangreich, dass sie beschloss, einen neuen Mitarbeiter als Secretary Of Public Relations einzustellen.

Der Secretary Of Public Relations

1930, nur drei Jahre nach der Gründung, waren die Aktivitäten der AMPAS bereits so zahlreich, dass die Pflege des Kontaktes zwischen den Mitgliedern und der interessierten Öffentlichkeit von den Mitgliedern nicht mehr neben ihren eigentlichen Aufgaben geleistet werden konnte. Die immer noch bestehende Kritik in der Gesellschaft und die daraus resultierende Gefahr der Zensur ließen außerdem eine breitere Öffentlichkeitsarbeit immer notwendiger werden.

Im April 1930 stellte das Mitgliedermagazin <u>Academy Bulletin</u> fest, „dass die AMPAS mittlerweile eine Position erlangt hatte, in der ihre Aufgaben im großen Stil erweitert werden können." Zu diesem Zweck erschien es notwendig, die Funktionen der Public Relations weiterzuentwickeln um in der Öffentlichkeit einen bessere Stellung der Filmindustrie zu erreichen.

Schon in der nächsten Ausgabe wurde verkündet, dass mit Clinton Wunder der erste Secretary Of Public Relations eingestellt wurde. Ziel der neuen Abteilung sollte es sein, durch Pressearbeit, Reden und Filme die Öffentlichkeit über die AMPAS, ihre Funktionen, Aktivitäten und Ziele zu informieren, um dadurch das Verständnis und das Ansehen der AMPAS außerhalb der Filmindustrie zu fördern. Ebenso sollten prominente Besucher durch Hollywood geführt werden und ein weitgestreutes Informationssystem errichtet werden, um die Arbeit der kreativen Berufsgruppen innerhalb der AMPAS vorzustellen. Clinton Wunder sollte Kontakt zu öffentlichen Einrichtungen, nationalen Verbindungen, Universitäten, Presseagenturen und anderen für die Filmindustrie bedeutenden Organisationen halten und darüber hinaus den zahlreichen Einladungen folgen, die von den AMPAS-Mitgliedern nicht mehr erfüllt werden konnten.

Durch seine Erfahrungen als Schriftsteller und Dozent erschien Clinton Wunder der geeignete Mann für diese neue Aufgaben zu sein, und innerhalb eines Monats hatte er schon einer Vielzahl von gesellschaftlich relevanten Gruppen die AMPAS vorgestellt. Zu diesen Gruppen gehörten unter anderem der Opera Reading Club of Long Beach, die Baptist Church of Glendale, die University of Pasadena oder das Junior Chamber of Commerce in Los Angeles. Die große Zahl an Einladungen sprach für den Erfolg seiner Bemühungen und für das große öffentliche Interesse an der AMPAS.

Zur Unterstützung des Secretary Of Public Relations richtete die AMPAS darüber hinaus ein spezielles Komitee ein, welches aus repräsentativen AMPAS-Mitgliedern bestand. Dieses Komitee sollte der neuen Abteilung beratend zur Seite stehen und darauf achten, dass die Interessen aller Berufsgruppen innerhalb der AMPAS angemessen vertreten werden.

Das Public Relations Coordinating Committee

Wie bei allen Projekten richtete die AMPAS auch für die Öffentlichkeitsarbeit ein spezielles Komitee ein, welches sich verantwortlich um diesen Bereich kümmern sollte. Das 1930 zur Unterstützung des Secretary Of Public Relations eingeführte „Committee On Public Appreciation" änderte in der Folgezeit seinen Namen in „Public Relations Coordinating Committee".

Das Komitee, das auch heute noch existiert, ist zuständig für die allgemeine Konzeption der Öffentlichkeitsarbeit und achtet darauf, dass alle Bereiche der AMPAS angemessen vertreten werden. Dabei entwirft es in erster Linie theoretische Verfahrensweisen, während die praktische Durchführung dem Secretary Of Public Relations bzw. der jeweils dafür zuständigen Abteilung übertragen wird.

Mit der Einführung der Fernsehübertragungen der Awards-Verleihungen wurde es für die AMPAS zu kostspielig, die Öffentlichkeitsarbeit im eigenen Haus durchführen zu lassen und professionelle Public Relations Agenturen übernahmen die praktische Durchführung.

Nach wie vor ist aber das „Public Relations Coordinating Committee" hauptverantwortlich für die Öffentlichkeitsarbeit der AMPAS.

Die PR-Agenturen

1958 begann die Firma Harshe-Rotman and Druck, Inc. ihre Arbeit für die AMPAS. Zu ihren Aufgaben gehörte in erster Linie die Vorbereitung des Academy Awards Programms und die Koordination mit der jeweiligen Sendeanstalt, aber auch allgemeine Public Relations Aufgaben wurden von ihr erledigt. Die AMPAS bezahlte jährlich eine feste Summe an die PR-Agentur und konnte dafür bei Bedarf jederzeit auf einen Mitarbeiter der Agentur zurückgreifen.

Da nur zu den jährlichen Verleihungen der Academy Awards eine Werbekampagne durchgeführt wurde, erschien es dem Board Of Govenors unökonomisch, für diesen Zweck einen eigenen Mitarbeiter das ganze Jahr über zu beschäftigen. Durch den Vertrag mit der PR-Agentur war sowohl die professionelle Durchführung der Pressearbeit für die Verleihungen gesichert, als auch eine kontinuierliche Beratung gewährleistet. Und nach wie vor gab es ja das „Public Relations Coordinating Committee", das die Arbeit der Agentur steuerte.

Ein Bericht in dem Mitgliedermagazin der AMPAS aus dem Jahr 1962 beschrieb die Zusammenarbeit zwischen dem „Public Relations Coordinating Committee" und der PR Agentur Harsh-Rotman and Druck, Inc. genauer. Das Komitee begann mit der Ausarbeitung eines allgemeinen Plans für die Öffentlichkeitsarbeit, und die PR-Agentur war dafür zuständig, für diesen Plan eine angemessene Durchführung auszuarbeiten. Anschließend legte die Agentur ihre Ausarbeitung dem Komitee vor, und dieses beschloss die letztendliche Ausführung. Die Aufgabe der Agentur bestand zum größten Teil aus dem Zusammenstellen und Versenden von Pressemappen, dem Arrangieren von Interviewterminen und der allgemeinen Abstimmung mit dem jeweils für die Übertragung der Awards Verleihung zuständigen Fernsehsender.

Der Agentur Harsh-Rotman and Druck, Inc. folgte in den achtziger Jahren die Agentur Ruder Finn Public Relations, bis 1992 der Board Of Govenors beschloss, wieder eine eigene

Public Relations Abteilung innerhalb der AMPAS einzurichten. Seitdem ist der Director Of Communications für die Durchführung der Öffentlichkeitsarbeit der AMPAS zuständig.

Der Director Of Communications

Im Oktober 1992 wurde mit John Pavlik der erste Director Of Communications der AMPAS eingestellt. Der Board Of Govenors hatte beschlossen, daß für dieselben Kosten, die eine PR Agentur beansprucht, ein eigener Mitarbeiter für Public Relations eingestellt werden könnte. Auf diese Weise wäre die Öffentlichkeitsarbeit im selben Haus wie die Verwaltung und es wäre sichergestellt, dass sich ein Mitarbeiter einzig und allein auf die Öffentlichkeitsarbeit der AMPAS konzentriert. Zwar hatten die Agenturen gute Arbeit geleistet, aber die räumliche Trennung und die zeitlichen Einschränkungen, ließen diesen Schritt sinnvoll erscheinen. Außerdem waren die Aktivitäten der AMPAS über die Jahre so zahlreich geworden, dass eine ständige Öffentlichkeitsarbeit für notwendig erachtet wurde.

Unterstützt von einer Sekretärin kümmert sich der Director Of Communications um die komplette Öffentlichkeitsarbeit für alle Aktivitäten der AMPAS. Für die Zeit vor den Academy Awards Verleihungen werden zusätzlich Mitarbeiter eingestellt, die sich nur mit der Öffentlichkeitsarbeit der Verleihungen beschäftigen. Das Budget der Abteilung ist flexibel gehalten und richtet sich nach den jeweiligen Aktivitäten der AMPAS. Besondere Projekte müssen vom Board Of Govenors genehmigt werden und erhalten dabei auch direkt die finanzielle Absicherung.

Seine Hauptaufgabe beschrieb John Pavlik darin, die Mitglieder der AMPAS, die Filmindustrie und die Öffentlichkeit darauf aufmerksam zu machen, dass die AMPAS mehr leistet als Filmpreise zu verleihen. Die Öffentlichkeitsarbeit für die Aktivitäten der AMPAS soll dabei in erster Linie das allgemeine Image der AMPAS bei den angesprochenen Zielgruppen erhöhen und nur zweitrangig für die einzelnen Projekte werben, da diese in den meisten Fällen nur ein spezielles Publikum ansprechen. Im Jahr 2007 wurde John Pavlik von Leslie Unger als Director Of Communications abgelöst.

Kapitel 3: Aller Anfang ist schwer
Die AMPAS und die Politik

Das Aufkommen der Gewerkschaftsbewegung prägte wesentlich das Hollywood der zwanziger Jahre. Seit 1916 gab es erste Bemühungen, die Studiokräfte Hollywoods zu organisieren, und zwischen 1918 und 1921 fanden drei Streiks von Studiotechnikern und Kameramännern statt. Der Arbeitskampf verschärfte sich in der Folgezeit, und ein Generalstreik der technischen Mitarbeiter wurde immer wahrscheinlicher, bis 1926 mit dem Studio Basis Agreement der erste Gewerkschaftsvertrag Hollywoods von führenden Studios und technischen Gewerkschaften unterschrieben wurde. Alles deutete nun darauf hin, dass eine Organisation der kreativen Berufsgruppen der Filmindustrie nur eine Frage der Zeit sein würde. Genau zu diesem Zeitpunkt gründete sich die AMPAS, und die Beschäftigung mit arbeitsrechtlichen Auseinandersetzungen wurde die erste Aufgabe der neuen Organisation.

Die ersten Erfolge

Die Gründung der AMPAS im Jahr 1927 bedeutete die erste Organisation der kreativen Berufsgruppen innerhalb der Filmindustrie. Als kurz darauf die ersten arbeitrechtlichen Schwierigkeiten auftraten, schien sie deshalb den Produzenten ein geeignetes Forum für die Lösung dieser Probleme zu sein. Im Juli 1927 kündigten die Produzenten mit dem Hinweis auf die schwierige finanzielle Lage eine allgemeine Gehaltskürzung zwischen 10 und 25 Prozent an, was zu massiven Protesten und Streikdrohungen seitens der kreativen Berufsgruppen führte. Die Produzenten wandten sich daraufhin an die AMPAS mit der Bitte, in diesem Fall zwischen den Berufsgruppen, und damit zwischen Arbeitnehmern und Arbeitgebern, zu vermitteln. Die AMPAS nahm sich dieser Bitte an, und der Board Of Govenors verfasste eine Resolution, die besagte, dass alle Gehaltskürzungen bis zum August des Jahres aufgeschoben werden sollten. In dieser Zeit sollten die einzelnen Berufsgruppen Vorschläge über Möglichkeiten der Kostenreduzierung bei der Filmproduktion ausarbeiten. Die Resolution wurde von allen Parteien angenommen. Nachdem die Vorschläge zur Kostenreduzierung vorlagen, beschlossen die Produzenten, die Gehaltskürzungen nun nicht mehr durchzuführen mit der Begründung, dass sie ja nun die Zusage der kreativen Berufsgruppen hätten, kein Geld mehr zu verschwenden. Obwohl die Aufhebung der Gehaltskürzungen der erste Erfolg der Arbeit der AMPAS war, wurde die Erklärung der Produzenten von den kreativen Kräften kritisiert. Durch die indirekte Schuldzuweisung fühlten sie sich hintergangen, und ein erstes Misstrauen gegenüber der gewerkschaftlichen Arbeit der AMPAS entstand.

Nach der Abwendung der Gehaltskürzungen beschloss die AMPAS, mit der Arbeit an einem Standard-Vertrag für freibeschäftigte Schauspieler zu beginnen, und ein spezielles Komitee unter Leitung von M. C. Levee übernahm die Ausarbeitung. Durch Diskussionen und Umfragen bei den betroffenen Gruppen wurden möglichst viele Informationen gesammelt, und im November 1927 verkündete der <u>Academy Bulletin</u>: „Die Ausarbeitung eines Standard Vertrages für freibeschäftige Schauspieler nimmt vielversprechende Formen an."

Im Dezember 1927, nach dreimonatiger Vorbereitung durch das Komitee, wurde der Standard-Vertrag vom Board Of Govenors der AMPAS offiziell angenommen und trat damit in Kraft. Alle vorherigen Versuche, einen solchen Vertrag zu erstellen, waren gescheitert. Die AMPAS verkündete stolz:

„...jeder wichtige von den Schauspielern geforderte Punkt wurde zufriedenstellend abgedeckt und der gesamte Prozess sowie das endgültige Resultat sind bedeutende Beispiele für den überragenden Wert der Methoden der Academy, durch freundliche Gespräche und Kooperation Harmonie und Gleichheit zu fördern."

Die Einführung des Standard-Vertrags, des ersten Schauspieler-Produzenten-Vertrags in der Geschichte Hollywoods, stärkte die Position der AMPAS, und alle Beteiligten waren stolz auf die Tatsache, dass dieser Vertrag durch Zusammenarbeit, und nicht durch Konfrontation, möglich wurde.

Der Standard-Vertrag wurde in den folgenden Jahren mehrmals überarbeitet. Darüber hinaus verfasste die AMPAS einen „Code Of Ethics", der bestimmte Praktiken innerhalb der Filmindustrie als fair oder unfair deklarierte. Der „Code" vereinheitlichte die Beziehungen zwischen Arbeitgebern und Arbeitnehmern, in dem er bestimmte Regelungen über Mindestbeschäftigung, Krankheit oder Urlaub als vorbildlich deklarierte und andere Regelungen kritisierte. Sowohl die Vertrags-Änderungen als auch der „Code Of Ethics" stießen auf allgemeine Akzeptanz und wurden in Hollywood eingehalten.

Als überaus erfolgreich stellte sich auch die Arbeit des von der AMPAS eingerichteten „Conciliation Committees" heraus, das sich mit der Schlichtung einzelner arbeitsrechtlicher Probleme beschäftigte. Vor der Einrichtung dieses Komitees wurden Auseinandersetzungen meist vor Gericht geführt, wobei die Mitarbeiter der Filmindustrie sich alleine gegen ihre gut organisierten und finanzstarken Arbeitgeber verteidigen mussten. Bei vertraglichen Problemen konnte man sich jetzt an das „Conciliation Committee" der AMPAS wenden, sofern beide Parteien bereit waren, die Entscheidung des

Komitees anzuerkennen. Das Komitee, in dem repräsentativ alle Berufsgruppen der Filmindustrie vertreten waren, prüfte die vorgebrachten Fälle und versuchte, eine akzeptable Einigung für beide Seiten zu finden. Allein im Jahr 1930 schlichtete das „Conciliation Committee" 60 Streitigkeiten und erhielt 445 Anfragen nach Lösungsvorschlägen von so unterschiedlichen Gruppen wie Studios, Schauspielern oder Besetzungsagenturen. Insgesamt löste das Komitee innerhalb von vier Jahren 344 Fälle zwischen Schauspielern und Produzenten zur beiderseitigen Zufriedenheit. In einem Brief an die AMPAS urteilte ein Anwalt:

„Das Conciliation Committee der Academy ist für mich als Anwalt von besonderem Interesse. Das eine so große Industrie eine solche Einrichtung für die unparteiische Rechtssprechung besitzt ist, meines Wissens nach, einmalig, und das Experiment ist es Wert es weiter zu beobachten."

Probleme traten immer wieder dann auf, wenn sich die AMPAS mit allgemeinen Lohnstreitigkeiten auseinandersetzte. Anfang der dreißiger Jahre begann die Rezession auch in Hollywood spürbar zu werden, und 1933 standen viele Studios vor dem finanziellen Ruin. Die AMPAS richtete daraufhin ein „Emergency Committee" ein und schlug vor, eine allgemeine Gehaltskürzung um 50 Prozent, begrenzt auf einen bestimmten Zeitraum, durchzuführen. Besonders bei den kreativen Berufsgruppen stieß dieser Vorschlag auf Kritik, und als sich nach Ablauf der gesetzten Frist einige Studios weigerten, wieder den vollen Lohn zu zahlen, nahm das Misstrauen gegenüber der Arbeit der AMPAS zu.

Bei den kreativen Berufsgruppen wurde immer häufiger die Meinung geäußert, dass die AMPAS nicht über die nötigen Machtmittel verfügte, um sie in arbeitsrechtlichen Problemen ausreichend zu vertreten, und die Gründung eigener Gewerkschaften wurde diskutiert. Die Einführung der National Recovery Administration im Jahr 1933, die zur Neuregulierung der amerikanischen Industrien führen sollte, leitete schließlich das Ende der erfolgreichen Gewerkschaftsarbeit der AMPAS ein. Innerhalb des NRA wurden für die Filmindustrie bestimmte Bedingungen festgesetzt, die für die Beschäftigten nicht akzeptabel waren, und die AMPAS war außerstande, gegen diesen Entschluss etwas auszurichten. Darüber hinaus war der damalige AMPAS-Präsident, J. T. Reed, Mitglied des Motion Picture Code Committee, das für die Regelung der Filmindustrie innerhalb des NRA zuständig war. Die Mitarbeit der AMPAS an den neuen Richtlinien wurde stark kritisiert.

Im Juli 1933 gründete sich als Antwort auf diese Ereignisse die Screen Actors Guild als Gewerkschaft der Schauspieler, und im November desselben Jahres erfolgte die Gründung einer Autorengewerkschaft, der Screen Writers Guild.

1937, als die Auseinandersetzungen mit den neuen Gewerkschaften ihren Höhepunkt erlebten, zog sich die AMPAS aus jeglicher Gewerkschaftsarbeit zurück und erklärte „zu ihren ursprünglichen Prinzipien zurückzukehren und sowohl theoretisch als auch faktisch nicht wirtschaftlich und unpolitisch zu arbeiten."

Auseinandersetzungen mit den Gewerkschaften

Mit der Einführung des Tonfilms kamen viele Bühnenschauspieler aus dem Osten Amerikas nach Hollywood, um in der Filmindustrie zu arbeiten. Für sie waren die Organisation in einer Gewerkschaft und die dadurch erkämpften Rechte wie geregelter Stundenlohn, Krankenversicherung oder Kündigungsschutz selbstverständlich, und sie konnten sich nur schwer mit der Situation in Hollywood abfinden. Mit ihnen kam die Schauspielergewerkschaft Actors´ Equity Association nach Hollywood in dem Bestreben, neben den Theaterschauspielern auch die Filmschauspieler zu vertreten. Schon früh kritisierte die Equity die Arbeit der AMPAS, bezeichnete sie als Arbeitgebervertretung und griff den vorgelegten Standard-Vertrag an: „Es ist Unsinn für Schauspieler oder Autoren zu erwarten, das ein von der Academy erstellter Vertrag fair mit ihnen umgeht. Schauspieler werden einen fairen Vertrag nur über Equity erhalten."

Zu dieser Zeit gab es bei den Schauspielern allerdings noch keinen Wunsch nach einer eigenen Interessenvertretung, und der Gedanke, dass eine Organisation von der Ostküste sie vertreten sollte, wurde allgemein abgelehnt. Hinzu kamen die Erfolge der AMPAS bei der Erstellung des Standard-Vertrages, die den Schauspielern das Gefühl gaben, auch ohne eine eigene Gewerkschaft gut vertreten zu werden. Zwei Jahre lang kämpfte die Equity mit der AMPAS um das Recht, die Schauspieler zu vertreten, aber nachdem ein Streikaufruf der Equity im Jahr 1929 mangels Beteiligung misslang, verlor sie an Bedeutung, und die AMPAS blieb die einzige Schauspieler-Vertretung in Hollywood.

Neue Auseinandersetzungen begannen 1933 mit der Gründung der beiden Gewerkschaften Screen Actors Guild und Screen Writers Guild. Aus dem Gefühl gegründet, jahrelang von der AMPAS hintergangen worden zu sein, begannen sie einen Kampf, der seinen Höhepunkt 1936 in einem Boykott der Academy Awards Verleihungen fand.

Nancy Lynn Schwartz stellt in ihrem Buch „The Hollywood Writers´ Wars" die Behauptung auf: „Obwohl die Academy tatsächlich die Arbeitgeberseite vertrat, schaffte sie es, jegliche ernstzunehmende Gewerkschaftsbewegung in Hollywood über fünf Jahre zu verzögern."

Und sie zitiert weiter die Autorin Dorothy Parker: „Bei der Academy auf Repräsentierung zu hoffen ist wie eine Verabredung im Haus deiner Mutter zu organisieren. Irgendjemand ist immer im Hof und beobachtet."

Gerade die letzte Aussage bezog sich auf die Tatsache, dass in der AMPAS alle Berufsgruppen miteinander verhandelten. Die Gewerkschaften waren der Meinung, die Produzenten würden dabei einen psychologischen Vorteil ausspielen, da ihre Angestellten ihnen direkt gegenübersaßen und deshalb ihre Meinungen nicht konsequent vertraten. Auf diese Weise würden alle Entscheidungen so ausfallen, wie es die Produzenten wollten und von einer demokratischen Organisation könne nicht die Rede sein.

In der Folgezeit wurde die AMPAS von den Gewerkschaften immer heftiger angegriffen und als „company union" bezeichnet. Sogar der Mitbegründer der AMPAS, Frank Woods, erklärte, dass sich die AMPAS nach Gründung der Gewerkschaften auf einen reinen Machtkampf einließ und dabei unter der Kontrolle der Produzenten stand. 1936 erklärte das Gewerkschaftsmagazin „The Screen Guilds´ Magazine": „Niemand kann eine Organisation respektieren die den hochtrabenden Titel Academy Of Motion Picture Arts And Sciences führt und in jeglicher Hinsicht versagt hat. Je eher sie zerstört und vergessen wird umso besser für die Filmwirtschaft."

Im Zuge der Auseinandersetzungen zwischen der AMPAS und den Gewerkschaften kam es zu einem Massenaustritt von Schauspielern und Autoren, woraufhin die Zahl der AMPAS-

Mitglieder zwischen 1934 und 1938 von 800 auf 400 sank. Den traurigen Schlusspunkt der Auseinandersetzungen markierte 1936 ein von den Gewerkschaften organisierter erfolgreicher Boykott der Academy Awards Verleihungen. Zum ersten Mal in der Geschichte der AMPAS wurde ein verliehener Academy Award nicht angenommen, und der Brief des Autoren Dudley Nichols beweist, wie verhärtet die Fronten zwischen der AMPAS und den Gewerkschaften waren:

„Ich bin mir bewusst, dass die Preise von einer großzügigen Mietgliedergruppe gewählt wurden die weder persönliche noch politische Interessen verfolgt. Aber ein Autor der einen Academy Award annimmt unterstützt taktisch die Academy, und ich bin der Meinung dass es die Pflicht jedes Filmautors ist zu seinesgleichen zu stehen und die Guild zu stärken."

Als Reaktion auf diesen Boykott zog sich die AMPAS 1937 aus jeglicher Gewerkschaftsarbeit zurück und legte in ihrer Verfassung fest, sich zukünftig weder mit politischen, ökonomischen oder arbeitsrechtlichen Problemen zu beschäftigen.

Nur noch einmal nach 1937 war die AMPAS maßgeblich an einer politischen Entscheidung beteiligt.

Die Blacklist-Zeit

Als in den fünfziger Jahren im Rahmen der Kommunistenverfolgung Untersuchungen über kommunistische Infiltration in der Filmindustrie vom „Committee On Un-American-Activities" der US-Regierung stattfanden, wurde die AMPAS noch einmal mit politischen Problemen konfrontiert. 1957 waren zwei Autoren für einen Academy Award nominiert, die auf der sogenannten „blacklist" standen, und die AMPAS erließ ein Gesetz, das Personen, die auf dieser Liste geführt wurden, generell von der Academy Awards Wahl ausschloss.

Robert Osborne stellt in seinem Buch „50 Golden Years Of Oscar" fest: „Es war eine unschuldige Geste, entstanden aus einem patriotischen Gedanken, um das Vertrauen in die moralische Gesundheit der Filmindustrie zu stärken, aber es stellte sich fast sofort als etwas Beschämendes heraus."

Schon ein Jahr später regte sich in der AMPAS Widerstand gegen dieses Gesetz, und am 12. Januar 1959 wurde es vom Board Of Govenors mit der Begründung zurückgezogen, dass es unpraktikabel und nicht durchführbar sei.

Der Grund für diese Entscheidung war, dass einer der beiden Autoren des Films „The Defiant Ones", der als Kandidat für die Academy Awards in der Kategorie „Best Story" galt, auf der „blacklist" geführt wurde. Um nicht die Hälfte eines Autorenteams als unwählbar deklarieren zu müssen, wurde das Gesetz wieder aufgehoben. Der Autor Dalton Trumbo schrieb dazu: „Die Änderung des Academy Gesetzes war das Näheste an einer offiziellen Ablehnung der Blacklist das passieren konnte oder passieren wird."

„The Defiant Ones" gewann in dem Jahr den Academy Award für „Best Story", und diese Missachtung der „blacklist" durch die AMPAS beeinflusste die endgültige Abschaffung der Liste. 1985 wurden die beiden 1957 wegen der „blacklist" übergangenen Autoren nachträglich von der AMPAS geehrt, und im Annual Report 1984-1985 wurde die Zeremonie beschrieben als „das letzte bittersüße Vermächtnis der Blacklist Zeit."

Obwohl die politische Arbeit der AMPAS oft kritisiert wurde, bleibt festzuhalten, dass sie einige bedeutende Erfolge verzeichnen konnte. Dazu zählen in erster Linie die Einführung von Standard-Verträgen und die Erstellung des „Code Of Ethics", die für eine neue Ordnung in der Filmindustrie sorgten. Und auch wenn sie keine richtige Gewerkschaft war, führte sie dennoch erstmals in Hollywood ein kollektives Bewusstsein ein, aus dem sich später richtige Gewerkschaften bilden sollten. Das „Conciliation Committee" sorgte auf eine einmalige Art für eine einvernehmliche Problembewältigung innerhalb der Filmindustrie, und insgesamt wurde das Prinzip der Kooperation statt Konfrontation verfolgt. Letztendlich war die gewerkschaftliche Arbeit der AMPAS zum Scheitern verurteilt, da sie die Interessen der gesamten Filmbranche berücksichtigen musste und sich nicht für einzelne Berufsgruppen so einsetzen konnte, wie es einer separaten Gewerkschaftsorganisation möglich ist. Außerdem repräsentierte die AMPAS auch nur einen Bruchteil der tatsächlich in der Filmindustrie Beschäftigten. Nachdem sich die AMPAS aus allen politischen Fragen zurückgezogen hatte, begannen auch die Gewerkschaften den Wert der AMPAS für die Selbstregulierung der Filmindustrie zu würdigen. Welche Bedeutung die Stimme der AMPAS trotzdem erlangte, beweist ihr Beitrag zur Abschaffung der „blacklist" im Jahr 1959.

Insgesamt war die politische Arbeit der AMPAS maßgeblich an der Neustrukturierung der Filmindustrie beteiligt, auch wenn es während des Prozesses zu einigen Problemen kam. Nach Beilegung der Auseinandersetzungen mit den Gewerkschaften und der Rückbesinnung auf die eigentlichen Ziele wurden ihre Erfolge allgemein anerkannt, und damit hatte sich die AMPAS innerhalb der Filmindustrie als ernstzunehmende Organisation etabliert.

Kapitel 4: Arbeit an der akademischen Basis
Das Bildungsprogramm der AMPAS

Schon früh begann die AMPAS die Zusammenarbeit mit verschiedenen Bildungseinrichtungen zu suchen, und aus diesen ersten Kontakten ist mit der Zeit ein umfangreiches Bildungsprogramm entstanden. Im Gegensatz zu den Verleihungen der Academy Awards ist diese Seite der AMPAS-Aktivitäten allerdings relativ unbekannt. Der Annual Report des Jahres 1977-1978 leitete die Beschreibung des Bildungsprogramms mit den Worten ein:

„Hinter dem Glamour: Pädagogische und kulturelle Programme. Weit weniger bekannt als die jährlichen Academy Awards, aber genauso wichtig, ist das breite Angebot an kulturellen und pädagogischen Aktivitäten, die von der Academy gefördert werden."

Eine umfassende Dokumentation der Aktivitäten im Bildungsbereich ist fast unmöglich, 1973 wurde im Rahmen einer Studie festgestellt:

„Es gab die Tendenz in der Academy die frühen Kooperationen mit Lehreinrichtungen festzuhalten. Später, als diese Dinge zur Routine wurden, berichtete die Academy nur noch in einer sehr zusammenfassenden Art über ihre pädagogischen Aktivitäten und Beiträge."

Trotzdem ist es möglich darzustellen, wie die AMPAS prinzipiell ihr Bildungsprogramm aufbaute, welche Intention sie damit verfolgte und welche Formen es heute angenommen hat.

Zusammenarbeit mit Bildungseinrichtungen

Schon im ersten <u>Academy Bulletin</u> im Juni 1927 wird von einem Treffen zwischen Milton Sills, dem Vorsitzenden des „Committee On College Affairs" der AMPAS, und Rufus B. von Kleinsmid, dem Präsidenten der University Of Southern California, berichtet. Ziel des Treffens war es, die Möglichkeiten der Einrichtung eines Filmkurses an der Universität zu diskutieren, und Milton Sills stellte abschließend fest:

„Das Committee und der Präsident der University of Southern California haben festgestellt, dass eine solche gemeinsame Arbeit von unermesslichem Wert sowohl für die Filmindustrie, als auch für die Universität wäre."

1929 führte die Zusammenarbeit der beiden Organisationen zu der Durchführung des Kurses „Introduction to the Photoplay" an der University Of Southern California. Ziel dieses Kurses war es, den Film als Kunstform und als soziale Institution vorzustellen und dadurch die universitäre Beschäftigung mit dem neuen Medium einzuleiten. Der Erfolg des Kurses, der von 78 Studenten besucht wurde, war so groß, dass er anschließend als fester Bestandteil in das Curriculum der Universität aufgenommen wurde. 1930 wurde „Introduction to the Photoplay" auch an der Stanford University abgehalten, und der AMPAS lagen weitere Anfragen von vielen Universitäten und Colleges, wie zum Beispiel aus Yale, Columbia, vom Mills College oder der University Of Oregon vor.

Zur Ankündigung des ersten Filmkurses an einer Universität veröffentlichte der <u>Academy Bulletin</u> im Januar 1929 einen Bericht, der die Motivation der AMPAS bei diesem Projekt näher erläutern sollte. Zum einen sollte der Kurs für ein besseres Verständnis des Mediums Film sorgen, ihn als eigenständige Kunstform etablieren und die sozialen und kulturellen Aspekte des Films verdeutlichen, um ihn damit auf eine Ebene mit anderen Kunstformen wie dem Drama oder der Literatur zu stellen. Zum anderen wurden die Vorteile hervorgehoben, die eine universitäre Beschäftigung mit dem Medium Film mit sich bringt:

„Es gibt im Moment 750.000 Studenten die in amerikanischen Colleges eingeschrieben sind und die Zahl wächst stetig. Dies ist die Klasse der Bevölkerung, die zukünftig die öffentliche Meinung gestaltet und kreiert. Der Wert ihres Guten Willens und ihrer Bereitschaft zu Verstehen ist nicht abzumessen."

Weiter wurde ausgeführt, dass die Filmindustrie durch den Kurs versucht, ihr nach wie vor schlechtes Image in der Gesellschaft zu ändern. Ein Erfolg des Kurses würde einen nicht zu unterschätzenden praktischen und ökonomischen Einfluss auf die Zukunft der AMPAS haben.

Aufgrund des großen Erfolges des Kurses „Introduction to the Photoplay" unterhielt die AMPAS innerhalb kürzester Zeit Kontakte zu den wichtigsten Hochschulen des Landes. Weitere Filmkurse folgten und 1932 beteiligte sich die AMPAS maßgeblich an der Einrichtung eines „Cinema Departments" an der University Of Southern California. 1943 unterstützte sie die University Of California at Los Angeles bei der Einrichtung eines „Departments Of Theatre Arts", welches die Bereiche Bühne, Film und Radio abdecken sollte, und ein Mitglied der AMPAS wurde von der Universität eingeladen, der neuen Fakultät als Professor beizutreten.

Die Zusammenarbeit mit den Bildungseinrichtungen nahm ständig zu und entwickelte sich in die verschiedensten

Richtungen. So führte die AMPAS zum Beispiel 1947 allein neun Hochschulen auf, mit denen sie im vorherigen Jahr zusammengearbeitet hatte, veröffentlichte 1950 gemeinsam mit der University Of California at Los Angeles ein Textbuch über Filmtechniken für Schulen und Universitäten und beteiligt sich seit 1980 an dem „Peter Stark Motion Picture Producing Program" der University Of Southern California, welches Studenten die Möglichkeit gibt, in einem Kurs alle Techniken der Filmindustrie zu erlernen.

Heute unterhält die AMPAS Kontakte zu allen wichtigen Bildungseinrichtungen des Landes und steht ihnen jederzeit beratend und unterstützend zur Seite. Feste Programme, Stipendien und eine besondere Nachwuchsförderung durch die Student Awards sorgen außerdem für eine erfolgreiche Zusammenarbeit mit pädagogischen Einrichtungen.

Das Visiting Artists Program

Seit 1970 sponsert die AMPAS durch das „Visiting Artists Program" Besuche von professionellen Filmkünstlern bei Universitäten oder filmbezogenen Veranstaltungen. Ziel des Programms ist es, „...Filmstudenten und Fakultäten die Möglichkeit zu geben in direktem Kontakt mit einem Mitglied der Academy zu stehen und so konkrete Einsicht sowie praktische Tipps über den Prozess des Filmemachens zu bekommen."

Institutionen, die sich an dem Programm beteiligen wollen, bewerben sich schriftlich, indem sie das Ziel des Besuches formulieren und ein genaues Programm für den möglichen Ablauf des Besuches vorlegen. Die AMPAS entscheidet auf der Basis von „Anspruch und Notwendigkeit", ob die jeweilige Anfrage gefördert wird und sucht anschließend aus ihren Mitgliedern den geeigneten Künstler für das geplante Programm aus.

Nach der Terminabsprache finanziert die AMPAS die Fahrtkosten, während die Gastinstitution für alle Kosten vor Ort, also Verpflegung und Unterkunft, aufkommt. Während des mehrtägigen Besuches stellt der vermittelte Künstler, der eng mit der Gastinstitution zusammenarbeitet, durch Seminare, Vorlesungen oder Filmvorführungen mit anschließender Diskussion seine Arbeit vor. Weder die AMPAS noch der Künstler erhalten für ihre Dienste eine Bezahlung.

Das „Visiting Artists Program" ermöglicht den direkten Kontakt zwischen wissenschaftlicher Lehre und den Leuten, die aktuell im Filmgeschäft arbeiten. Mittlerweile sind es mehr als zwei Dutzend Künstler, die durch dieses Programm jedes Jahr vermittelt werden. Dabei versteht sich das Programm nicht als „kommerzieller Buchungsservice", sondern wurde geschaffen um einen konkreten Bedarf zu decken. Gerade auch die Vermittlung eher unbekannter Berufssparten wie Schnitt, Musikkomposition oder Kostüm-Design sorgen dabei für einen weitgespannten Rahmen, der die unterschiedlichsten Anfragen abdeckt und auch Einblick in Randgebiete der Filmindustrie ermöglicht.

1971 wurden vom „Scholarship and Grants Committee" alleine 5.000 Dollar für das „Visiting Artists Program" bereitgestellt, und seitdem wächst das Programm jährlich. 1979 wurde zum ersten Mal ein „Visiting Artist" nach Kanada geschickt und 1980 fand ein Austausch mit Schweden, Italien, Frankreich und Deutschland statt. Im Academy Interim Report 1979 wird außerdem erwähnt, dass Videoaufnahmen eines „Visiting Artist" ab sofort auf Nachfrage ausleihbar sind. Mit diesen Videoaufnahmen können auch Institutionen in den Genuss des

„Visiting Artists Program" gelangen, die die Kosten für einen Gast nicht tragen können oder die bisher den Zuschlag noch nicht erhalten haben. Unter den beteiligten Künstler findet man weltbekannte Namen wie Frank Capra, Jerry Goldsmith oder Karl Malden, und die Liste der Gastinstitutionen reicht von der Alaska Pacific University bis zur Universität von Tel Aviv. Inzwischen ist das Programm so umfangreich, dass sich anstelle des „Scholarship and Grants Committee" ein extra eingestellter „Program Coordinator" halbtags um die Vergabe und Koordination des „Visiting Artists Program" kümmert.

Der direkte Kontakt zwischen Filmschaffenden und Studenten stellte sich schnell als anregend für beide Seiten heraus. Carrol Blue, Assistant Professor Of Telecommunications & Film an der San Diego State University bemerkt: „Direkter Kontakt mit diesen Filmmeistern hilft dabei, die Filmwelt für meine Studenten zu entmystifizieren und zeigt ihnen, dass auch sie hinausgehen und dasselbe tun können."
Auch die AMPAS hat keine Probleme, Mitglieder für das „Visiting Artists Program" zu finden: „...die Universitätsbesuche inspirieren die Künstler ebenso wie die Schulen die sie besuchen. Das ist ein Grund dafür, warum die Anfragen der Academy an die Künstler zur Teilnahme an dem Programm immer sofort zugesagt werden."

Mit dem „Visiting Artists Program" bietet die AMPAS Bildungseinrichtungen die einmalige Möglichkeit, Theorie und Praxis auf eine ansprechende Art zu verbinden, und der große Erfolg des Programms unterstreicht die erfolgreiche Arbeit der AMPAS.

Stipendien und Spenden

Seit 1965 betreibt die AMPAS ein "Scholarship Program", das durch Stipendien und Spenden förderungswürdige Individuen und Institute finanziell unterstützt. Neben festen Einrichtungen wie dem „Academy Internship Program" oder dem „Don And Gee Nicholl Fellowships In Screenwriting Program" vergibt die AMPAS auch Gelder für die unterschiedlichsten Filmprojekte.

Einmal im Jahr tritt das für diesen Zweck gebildete „Scholarship And Grants Committee" zusammen, um aus allen Vorschlägen die besonders förderungswürdigen Projekte auszusuchen und um die Höhe der finanziellen Unterstützung festzulegen. Die Liste der geförderten Projekte reicht dabei von Workshops in Filmhochschulen über wissenschaftliche Untersuchungen zur Filmgeschichte bis zur Unterstützung von Filminstituten in der dritten Welt. Im Folgenden werden zunächst die beiden festen Stipendien-Programme vorgestellt, und anschließend wird aufgezeigt, wie die AMPAS darüber hinaus filmbezogene Projekte unterstützt.

Das Academy Internship Program

Das „Academy Internship Program" wird seit 1968 mit Mitteln der AMPAS vom American Film Institute durchgeführt. Ziel des Programms ist es, „einer begrenzten Anzahl an vielversprechenden neuen Regisseuren die Möglichkeit zu geben zu lernen, in dem sie einen etablierten Filmregisseur bei der Arbeit an der Produktion eines Spielfilms, einer Miniserie oder einer Fernsehproduktion beobachten."

Das Programm sieht vor, dass Nachwuchsregisseuren, die sich durch eine kleine Regiearbeit bewährt haben und die über ein generelles Verständnis der üblichen Abläufe bei der Erstellung eines Filmes verfügen, die Möglichkeit gegeben wird, den gesamten Verlauf einer professionellen Filmproduktion zu begleiten. Zu diesem Zweck arbeiten sie mit einem etablierten Regisseur und dessen Crew zusammen. Während der Zusammenarbeit bekommt der „Intern" Einblick in alle Produktionsvorgänge, angefangen von den Script-Konferenzen über Aufnahmen und Schnitt bis zur abschließenden Veröffentlichung des fertig gestellten Films.

Dieser Prozess bietet dem „Intern" die einzigartige Möglichkeit, in einem professionellen Umfeld sein eigenes Talent zu entfalten. Das „Internship Program" ist dabei zeitlich unbegrenzt und endet erst mit der Fertigstellung der Produktion. Für die Dauer des Programms erhält der „Intern" zwischen 150 und 200 Dollar wöchentlich, allerdings darf ein Gesamtbetrag von 3500 Dollar nicht überschritten werden. Von 1968 bis 1985 sind 112 Nachwuchsregisseure im Rahmen des „Internship Program" vermittelt worden, und mittlerweile wird das Programm von vielen professionellen Filmkünstlern unterstützt. Schon 1975 verkündete <u>The Bulletin</u>: „das Programm der Academy ist mittlerweile so bekannt, dass ausgezeichnete Regisseure sich an das AFI (American Film Institute) wenden und nach Interns fragen."

Genauso positiv wird das Programm von ehemaligen „Academy Intern's" beschrieben, die in ihren Abschluss-Berichten darauf hinweisen, dass das Programm ihnen mehr Selbstvertrauen in ihre Fähigkeiten gegeben hat und sie zusätzlich auf ihren Beruf gut vorbereitet wurden.

Am Besten wird die Effektivität des „Academy Internship Programs" durch den Erfolg ehemaliger „Interns" deutlich. Viele Absolventen sind anschließend in der Filmindustrie tätig geworden wie zum Beispiel Matthew Robbins, der das Drehbuch zum Steven-Spielberg-Film „Sugarland Express" schrieb, oder haben sich wie David Lynch einen eigenen Namen als Regisseur gemacht.

Mit dem „Academy Internship Program" fördert die AMPAS ein einzigartiges Projekt, das sowohl der Nachwuchsförderung als auch der Förderung der Filmindustrie dient. Obwohl sie sämtliche Mittel für das Programm zur Verfügung stellt, wird es offiziell vom American Film Institute durchgeführt und die AMPAS zieht keinerlei Nutzen oder Profit aus dem Programm.

Das Don And Gee Nicholl Fellowships in Screenwriting Program

Das Programm zur Förderung neuer und vielversprechender Drehbuchautoren wurde 1986 mit einer Spende an die AMPAS eingeführt. Zu Ehren ihres verstorbenen Mannes, dem Drehbuchautoren Don Nicholl, spendete seine Frau Gee Nicholl 150.000 Dollar, die als Stipendien ausgeschrieben werden sollten. Je fünf Stipendien a 20.000 Dollar werden seitdem jährlich von der AMPAS vergeben, um jungen Drehbuchautoren die Möglichkeit zu geben, ein Jahr lang ohne finanzielle Sorgen an einem Drehbuch zu arbeiten.

Schon bei der ersten Ankündigung des neuen Programms im Annual Report 1985-1986 wurde der Plan erwähnt, das Programm, welches im ersten Jahr nur für Studenten kalifornischer Universitäten und Colleges zugänglich war, eventuell international auszuschreiben:
„Das Nicholl Programm wird ausgebaut und soll in seinem zweiten Jahr auch die Ostküste abdecken, eine nationale oder sogar internationale Ausweitung ist denkbar."

1989 wurde zuerst die Begrenzung auf Studenten aufgehoben und seit 1991 ist das Programm offen für alle in englischer Sprache geschriebenen Drehbücher aus der ganzen Welt. Dementsprechend hat sich auch die Bewerberzahl von 99 im ersten Jahr bis auf 3850 Bewerbungen aus 16 Ländern im Jahr 1993 erhöht. Bewerber dürfen noch kein Drehbuch oder eine Option für ein Drehbuch verkauft haben und müssen sich mit einem selbstverfassten Drehbuch bei der AMPAS bewerben. In der ersten Instanz prüfen Mitarbeiter aus der Filmindustrie die eingesandten Scripte, anschließend lesen AMPAS-Mitglieder die empfohlenen Exemplare und schließlich legt das eigens für dieses Programm gegründete „Nicholl Fellowship Committee" die Gewinner fest. Jedes Jahr können bis zu fünf Bewerber ein Stipendium erhalten. Die Stipendiaten erhalten vierteljährlich je 5000 Dollar, wobei das „Nicholl Fellowship Committee" regelmäßig prüft, ob die Arbeit des Stipendiaten einen zufriedenstellenden Verlauf nimmt.

Wie erfolgreich die Förderung neuer Talente durch das „Don and Gee Nicholl Fellowships In Screenwriting Program" ist, beweist die Tatsache, dass 1992 schon 11 der 25 „Nicholl Fellows" eine Anstellung in der Filmindustrie erhalten haben. Trotz der hohen Geldsumme, die jährlich vergeben wird, und der nachweislichen Bedeutung für die Filmindustrie vergibt die AMPAS die Stipendien ohne Eigenwerbung.

Sonstige Stipendien

Seit der Einrichtung des „Scholarship Programs" 1965, „um vielversprechenden Filmstudenten zu unterstützen und zu helfen", vergibt das „Scholarship And Grants Committee" der AMPAS jährlich Geldspenden und Stipendien an förderungswürdige Personen und Institutionen für filmbezogene Projekte. Genau wie bei den festen Stipendien verzichtet die AMPAS bei ihren sonstigen Unterstützungen auf große Ankündigungen oder Presseberichte, weshalb sich die genaue Verteilung der Gelder über die Jahre nur unzusammenhängend verfolgen lässt.

Im August 1968 verkündete der _Academy Report_, dass die AMPAS insgesamt 25.000 Dollar für 14 Spenden an Personen vergeben hat, die sich zum großen Teil auf den Einstieg in die Filmindustrie vorbereiten. Von dem bereitgestellten Geld wurden 6.500 Dollar für das „Academy Internship Program" verwendet, während die restlichen 18.500 Dollar an 11 Einzelpersonen gespendet wurden, von denen 8 Studenten der beiden kalifornischen Universitäten University of Southern California und University of California at Los Angeles waren. Mit den Spenden wurden bemerkenswerte Magisterarbeiten gewürdigt und darüber hinaus die Vollendung studentischer Filme oder Drehbücher ermöglicht. Die drei nicht-studentischen Spenden wurden für eine Doktorarbeit im Bereich Filmmusik, für eine Doktorarbeit mit dem Thema „Frauen im Film" und für zwei Lehrer in Los Angeles vergeben, die sich mit Filmen für den Schulgebrauch beschäftigten.

Diese Auflistung zeigt deutlich, wie sehr die Spendenvergabe anfangs auf den universitären Bereich konzentriert war. 1971 wurde erstmals zu den jährlichen 25.000 Dollar zusätzlich 10.000 Dollar für „Forschung im technischen und wissenschaftlichen Bereich der Filmproduktion" vergeben. Mit dem Verweis darauf, dass neue technische Entwicklungen in der Filmbranche oft auch in anderen wissenschaftlichen Bereichen von Nutzen sind, kündigte der damalige AMPAS-Präsident, Daniel Taradash, an: „Die Academy unternimmt nun Schritte um bei der Entwicklung dieser Innovationen zu helfen."

Zum ersten Mal wird 1971 auch ein Teil des Geldes dafür verwandt, dem American Film Institute regelmäßig einen prominenten Künstler oder Techniker zur Verfügung zu stellen, der mit Seminaren und persönlichen Gesprächen Studenten des Instituts beratend zur Seite steht. In den folgenden Jahren weitet sich der Rahmen für die zu vergebenden Spenden auf alle filmbezogenen Projekte aus und schließt „College Film Abteilungen, Einzelpersonen die filmbezogen forschen und Organisationen die Informationen oder Dienstleistungen innerhalb der Filmindustrie anbieten" ein. 1987 spendet die AMPAS jeweils bis zu 5000 Dollar an vier Institutionen in der dritten Welt, darunter das National Film and Television Institute in Ghana und das Kenya Institute of Mass Communication. 1993 liegt die Höhe der verteilten Gelder bei 85.000 Dollar, mit denen die AMPAS 8 Projekte mit dem Oberthema „Frauen und Film" und 8 weitere Projekte aus den Bereichen Workshops, Drehbucherstellung und Nachwuchsförderung unterstützt. Der Vorsitzende des „Scholarship And Grants Committee", Daniel Taradash, erklärte 1991:

„Wir sind stolz darauf diese Programme und Veröffentlichungen zu unterstützen, die so viel tun um die Lehre, die Produktion und das Verstehen von Film in vielen Arten zu bereichern."
Jedes Jahr prüft das „Scholarship And Grants Committee" erneut, welche Projekte förderungswürdig erscheinen, und verteilt die zur Verfügung stehenden Gelder an die unterschiedlichsten Institutionen mit dem Ziel, dadurch die Bildungsarbeit über das Medium Film zu fördern. Durch die ständig wachsende Höhe der verteilten Gelder sowie durch die Unterstützung sonst nicht durchführbarer Projekte leistet die AMPAS mit ihrem „Scholarship Program" einen unschätzbaren Dienst für Bildungseinrichtungen aller Art.

Die Student Academy Awards

Der Plan, eine eigene Preisverleihung für Filme von Studenten durchzuführen, entstand 1972 bei einer Sitzung des „Academy´s Short Film Branch Executive Committee". Ein Programm „um die Qualität von studentischen Filmproduktionen zu stimulieren und zu verbessern" würde das Ziel der AMPAS, die Förderung der „Arts And Sciences Of Motion Pictures", sinnvoll ergänzen.

Im September 1973 wurde dieser Plan von dem Board of Govenors der AMPAS angenommen, und unter dem Titel „Academy Of Motion Picture Arts And Sciences Student Film Awards" wurden schon im Dezember 1973 die Gewinner der ersten Studentenfilmpreise bekannt gegeben. In den ersten beiden Jahren wurden die Gewinner noch im Rahmen einer Zeremonie telefonisch kontaktiert, und das anwesende Publikum konnte die Reaktionen der Gewinner mithören. 1976 wurde mit der Firma Bell System erstmals ein Sponsor für die „Student Film Awards" gefunden, und so wurde es möglich, die Gewinner nach Los Angeles einzuladen, um ihnen die Trophäen und Geldpreise direkt zu übergeben.

Jeder Gewinner erhielt in den ersten Jahren eine gravierte Trophäe und jeweils 1.000 Dollar als Preisgeld. 1981 wurde ein „Honorary Foreign Film Award" eingeführt, um auch bemerkenswerte Arbeiten ausländischer Filmstudenten zu würdigen, und seit 1990 vergibt die Directors Guild Of America zusätzlich zu den Awards der AMPAS einen „Student Film Award for Directing". 1991 änderte der Board of Govenors den Namen der Awards offiziell in „The Student Academy Awards", um deutlich zu machen, dass dieses Programm das einzige ist, mit dem die AMPAS studentische Arbeiten ehrt.

Die „Student Academy Awards" werden in den vier Kategorien „Animation", „Documentary", „Narrative" und „Alternative" vergeben, und die Gewinner erhalten Trophäen und Geldpreise. Außerdem werden sie für eine Woche nach Los Angeles eingeladen, in der sie Studios besichtigen, professionelle Filmemacher kennenlernen und mit den verschiedenen Bereichen der Filmindustrie vertraut gemacht werden. Aus den Beiträgen, die einen Award gewinnen, wird ein Film zusammengestellt, der nationalen Bildungsorganisationen kostenlos zugeschickt wird. Jedes Jahr beteiligen sich im Durchschnitt 300 Studenten an den „Student Academy Awards" und nach regionalen Vorausscheidungen wählen aktive AMPAS-Mitglieder durch geheime Wahl die Gewinner. Seit 1990 werden jeweils bis zu drei Gewinner in jeder Kategorie gewählt, die gestaffelte Auszeichnungen (Gold, Silber, Bronze) und Geldpreise zwischen 1000 und 2000 Dollar erhalten. Die Beiträge für den „Honorary Foreign Film Award" werden durch die Zusammenarbeit mit internationalen Filmorganisationen ermittelt, und für die dreizehnte Verleihung dieses Preises im Jahr 1993 standen 20 Filme aus 15 verschiedenen Ländern zur Wahl. Die Verleihung der Preise findet jährlich im Samuel Goldwyn Theater statt, und bekannte Mitglieder der AMPAS überreichen die Trophäen. Die Zeremonie, bei der die Award-Filme gezeigt werden, ist öffentlich, und Karten dafür können kostenlos bei der AMPAS bestellt werden.

Über den Erfolg der „Student Film Awards" steht im Jubiläumsprogramm 1993: „Sie sind mittlerweile das direkteste Mittel für einen Filmstudenten aus allen Teilen der Welt um seine Arbeit und sein Talent professionellen Mitgliedern der Filmindustrie zu präsentieren. Filmstudenten aus dem ganzen Land, welche regionale oder nationale Preise gewonnen haben waren sehr großzügig mit ihrem Lob des Programms."

Einige der „Student Film Awards" Gewinner wie Spike Lee (Gewinner 1983) oder Robert Zemeckis (Gewinner 1975) sind heute international bekannte Regisseure, und anderen ist es gelungen, sich nach Gewinn eines Student Award auch für die Vergabe eines Academy Award zu nominieren.

Das Konzept der Student Awards, „die Produktion und Studie von Filmen zu unterstützen und anzuregen, Qualität in schulischen und universitären Filmproduktionen anzuerkennen und den Dialog zwischen Industrie, Studenten und Fakultäten zu fördern", wird durch den Erfolg und das Wachstum der „Student Academy Awards" bestätigt. Durch die Ehrung von Studenten-Filmen seit über 30 Jahren leistet die AMPAS eine herausragende Nachwuchsförderung, und das gesamte Programm vermittelt sowohl zwischen Lehre und Praxis als auch zwischen dem Nachwuchs und der Filmindustrie. Durch die Einrichtung von Regional Coordinators, die die regionalen Ausscheidungen der Studenten-Filme betreuen, ist außerdem ein nationales Netz entstanden, das den Kontakt zwischen der AMPAS und Studenten aus allen Staaten Amerikas ermöglicht.

Durch die intensive Zusammenarbeit mit Universitäten und anderen Bildungseinrichtungen gelang es der AMPAS, ohne weitere Werbemaßnahmen das seriöses Image und gute Ansehen zu erlangen, das sie mit der Bezeichnung Academy anstrebte. Die Förderung von Filmfakultäten wurde schon früh als Arbeit an der eigenen Basis erkannt, da sie hiermit sowohl folgende Generationen ihrer Zunft erreichte als auch Meinungsbildner anderer Bereiche. Zusätzlich ermöglichte die Zusammenarbeit mit Universitäten den Zugriff auf technische Fachleute, wodurch die AMPAS auch innerhalb der Filmindustrie an Bedeutung gewann. Durch feste Programme wurde die Zusammenarbeit mit den Bildungseinrichtungen später intensiviert und ein ständiger Kontakt etabliert. Dies führte zu einem fruchtbaren Austausch zwischen Theorie und Praxis, den es ohne die Arbeit der AMPAS nicht geben würde. Die Förderung des Filmnachwuchses wurde durch Stipendien und Praxisprogramme weiter ausgebaut, und allein die Zahl der jährlichen Bewerber beweist, welchen Stellenwert die AMPAS bei den nachfolgenden Generationen der Filmindustrie besitzt. Neben den festen Programmen vergibt die AMPAS auch jährlich eine wachsende Summe von Spenden und Stipendien, die die Durchführung wichtiger filmrelevanter Projekte ermöglichen. Diese Förderung weitet die Bandbreite der AMPAS-Arbeit erheblich aus, da sie keinen Beschränkungen unterliegt, jedes Jahr neu festgelegt und dabei weltweit vergeben wird. Die Einrichtung der „Student Academy Awards" ist schließlich ein nachhaltiger Beweis für die Bedeutung, die die AMPAS dem Filmnachwuchs zumisst. Seit über dreißig Jahren bedeuten diese Awards die wichtigste Verbindung zwischen studentischer und professioneller Filmproduktion, und die öffentliche Verleihung in Hollywood ist die erfolgreichste Einführung in die aktive Welt der Filmindustrie.

Anstatt ihr Bildungsprogramm durch eine große Berichterstattung öffentlich zu machen, beschränkte sich die AMPAS darauf, sich innerhalb der Bildungseinrichtungen durch seriöse und kompetente Zusammenarbeit zu etablieren. Die Untersuchung des Bildungs-Programms unterstreicht dabei den Erfolg dieser Methode und auch wenn das Bildungsprogramm nach wie vor eher unbekannt ist, nimmt es jedoch in den Kreisen, in denen es durchgeführt wird, eine herausragende Stellung ein.

Kapitel 5: Gemeinsam statt gegeneinander

Förderung der Filmindustrie

Neben dem Aufbau eines Bildungsprogramms waren es besonders technische Probleme, mit denen sich die AMPAS in ihren Gründungstagen beschäftigte. Die Einführung des Tonfilms revolutionierte die Technik der Filmproduktion, viele Studios und Techniker wurden von dieser Entwicklung überrascht. Es standen weder ausreichend technisches Equipment noch genügend qualifiziertes Personal, das sich mit den neuen Geräten auskannte, zur Verfügung. Darüber hinaus bestand besonders im Bereich Technik ein großer Wettbewerb zwischen den Studios, wodurch Erfindungen und Erfahrungen sorgsam gehütet wurden. Die Veränderung der Filmindustrie machte neue Wege der Zusammenarbeit dringend erforderlich.

„Die Geburt des Tonfilms machte eine große Menge an technischer Forschung erforderlich, da nicht nur der Ton, sondern auch Beleuchtung, Kameraführung und Setbau betroffen waren."

Den technischen Abteilungen war bewusst, dass das Ausmaß der notwendigen Forschung bei weitem die Möglichkeiten einzelner Studios überschritt. Durch die Gründung der AMPAS und ihrer „Technicians Branch" gab es allerdings erstmals die Gelegenheit, allgemeine Probleme innerhalb der Berufsgruppe zu diskutieren und nach gemeinschaftlichen Lösungen zu suchen. Hieraus entstanden die ersten technischen Kooperationen der Filmindustrie.

Technische Forschung

Am 16. November 1927 wurde bei einer Sitzung der „Technicians Branch" festgestellt, dass in den letzten Jahren eine Vielzahl von neuen Beleuchtungstechniken entstanden waren, die innerhalb eines Jahres in ganz Hollywood im Einsatz seien würden. Auf der anderen Seite gab es allerdings von 300 Kameramännern nur sechs oder sieben, die mit diesen neuen Techniken vertraut waren. Auf Grund dieser Feststellung beschloss die „branch" eine Reihe von Demonstrationen zu organisieren, die allen interessierten Technikern die neuen Verfahren vorstellen sollten, um deren Gebrauch in Hollywood zu erleichtern.

Die Durchführung der Demonstrationen über „Incandescent Illumination" fanden im Jahr 1928 statt und bedeuteten die erste Kooperation aller Studios Hollywoods. Die 10 Demonstrationen wurden von insgesamt 3000 Teilnehmern besucht und von einer Umfrage bei den beteiligten Studios begleitet. Die Umfrage, die vor und nach der Demonstrations-Reihe durchgeführt wurde, ergab, dass anschließend wesentlich mehr Studios mit den neuen Techniken arbeiteten als vorher. Begeisterte Stimmen aus der Filmindustrie unterstrichen außerdem den Erfolg:

„Es bleibt kein Zweifel, dass diese Tests sehr produktiv waren. Aus pädagogischer Sicht waren sie wundervoll."

„Nach dem Wert gefragt muss man sagen, dass die Tests sehr instruktiv und lehrreich waren für Kameramänner, Elektriker und Tonlaboranten. Ich bin mir sicher, dass sie den Produzenten viel Geld sparen werden, sowohl am Aussenset als auch im Studio."

Aufgrund des großen Erfolgs der „Incandescent Illumination" Demonstrationen richtete die AMPAS 1929 ein „Producers-Technicians Committee" ein. Ziel des Komitees sollte es sein, die führenden Techniker der Industrie zu vereinigen, um die technische Forschung der Filmindustrie zu organisieren und durchzuführen. Das erste Projekt des neuen Komitees bestand in der Planung und Durchführung eines Kurses für Tontechniker, der die Prinzipien des Tonfilms erläutern sollte.

Noch im selben Jahr fand der Kurs statt. Gehalten von den führenden Tontechnikern der Filmindustrie sowie von Professoren der University Of Southern California, die die physikalischen Gesetze des Tonfilms erläuterten, wurde auch dieser Kurs zu einem großen Erfolg. Aufgrund der großen Nachfrage wurde er 1930 wiederholt und insgesamt von über 900 Teilnehmer aus allen Bereichen der Filmindustrie absolviert. In einer Rede über die technischen Erfolge der AMPAS erklärte das Komiteemitglied Irving Thalberg:

„Wir glauben wir können nicht stark genug betonen wie sehr dieses Projekt der gesamten Industrie geholfen hat. Es hat die gesamte Industrie auf das Prinzip der kooperativen industriellen Lehre vereint."

Die zunehmende Bedeutung der technischen Forschung in der AMPAS spiegelte sich auch durch die Einrichtung spezieller Preise für technische und wissenschaftliche Leistungen wider. Bei der dritten Verleihung der Academy Awards wurden zum ersten Mal Awards für „Scientific and Technical Achievements" verliehen.

1930 verlegte die Produzentenvereinigung Hollywoods ihre Forschungsabteilung, das „Technical Bureau", zur AMPAS. Dieser Schritt unterstrich nachhaltig die wachsende

Bedeutung der AMPAS auf dem Gebiet der technischen Forschung. 1932 wurde durch die Einrichtung des „Research Councils" die gesamte technische Abteilung der AMPAS neu strukturiert. Eingerichtet „um die weiterführenden technischen und künstlerischen Projekte der Academy zu koordinieren und zu überwachen", übernahm der „Research Council" die zentrale Organisation der bestehenden technischen Komitees und Abteilungen. Im „Research Council" waren neben Mitgliedern der fünf „branches" der AMPAS auch Beauftragte der führenden Filmequipment-Hersteller vertreten, und zusammen suchten sie nach Lösungen für Probleme, die die gesamte Filmindustrie betrafen. In einem Brief an die AMPAS äußerte ein Vertreter der Filmmaterialhersteller: „Es ist überaus zufriedenstellend zu wissen, dass die Academy erfolgreich diese lang gesuchte Kooperation zwischen Produzenten und Materialhersteller verwirklicht hat."

Unter der Leitung des „Research Councils" entwickelte sich eine ständige Kooperation zwischen den verschiedenen Filmstudios, den Herstellern von Filmmaterial und technischen Geräten sowie anderen filmbezogenen Gruppen, wie zum Beispiel Filmvorführern oder Kinobesitzern. Weitere technische Kurse wurden abgehalten, die Ergebnisse der Kurse in Buchform veröffentlicht und neu auftretende Probleme, wie zum Beispiel die Synchronisation von Filmen, gemeinschaftlich diskutiert. Die Zusammenarbeit mit dem Militär während des zweiten Weltkriegs, die im Kapitel 6 dieses Buches näher beschrieben wird, war die letzte große Aufgabe des „Research Councils", bevor er sich 1948 als unabhängige Organisation von der AMPAS abspaltete. Die Abspaltung geschah im Interesse der gesamten Filmindustrie, da der „Research Council" auf diese Weise finanziell unabhängiger wurde und sich neue Möglichkeiten, wie zum Beispiel das Einreichen von Patenten, erschließen konnte.

Obwohl die Zusammenarbeit der Filmindustrie von der AMPAS eingeleitet und über viele Jahre aktiv geleitet wurde, bestand sie nicht auf der weiteren Durchführung dieser Aufgabe. Diese Tatsache unterstreicht das Prinzip der AMPAS bei der Förderung der Filmindustrie: Anstatt auf ihre Erfolge hinzuweisen, verfolgt sie den Weg, der der gesamten Filmindustrie am meisten dient.

Filmtechnische Standards

Neben der Erforschung neuer technischer Gebiete beschäftigte sich das „Producer-Technicians Committee" schon 1930 mit der Erstellung verschiedener Standards für die Filmindustrie. Ein großes Problem war die Markierung von Filmkopien, bei der jedes Studio eine eigene Vorgehensweise entwickelt hatte. Da die Filmvorführer mit der Vielzahl der Markierungen nicht vertraut waren, brachten sie wiederum eigene Markierungen an, um die genauen Anfänge und Enden der Filme für ihre Arbeit zu kennzeichnen.

Unter dieser Dauerbelastung litt insbesondere das Filmmaterial, was in der Folge hohe Kosten für die Studios verursachte. 1931 führte die AMPAS eine nationale Umfrage bei Filmvorführern durch, um Informationen darüber zu erlangen, welche Art der Markierung am besten für die Praxis geeignet wäre. Auf Grund dieser Umfrage entwarf das „Producer-Technicians Committee" einen allgemeinen Standard für die Markierung von Filmkopien, den „Standard Release Print Leader", und schon Ende 1931 wurde dieser in Hollywood eingehalten. Der <u>Academy Bulletin</u> schrieb dazu:

„Generell ist die Standardisierung sehr positiv aufgenommen worden und Erfahrungsberichte bestätigen, dass der unnötige Verschleiß von Filmmaterial, welcher der Industrie jährlich viele tausend Dollar kostet, rückgängig ist."

Darüber hinaus verfasste das Komitee nach einer Untersuchung von Filmlaboren Richtlinien für den Umgang mit Filmmaterial, die den Transport, die Reinigung und die Lagerung von Film verbessern sollten.

Parallel zu den Standards für Filmkopien beschäftigte sich ein besonderes Komitee, das „Screen Illumination Committee", mit den verschiedenen Projektionstechniken in Kinos. Sechs Kinos in Hollywood, deren Projektionstechnik als fortschrittlich galt, wurden zu diesem Zweck untersucht und mit Hilfe eines speziell produzierten Films getestet. Mit den Daten der Untersuchung erstellte das Komitee eine Liste mit Mindestanforderungen für die Projektion, sowie verschiedene Testfilme, mit denen diese in Kinos untersucht werden konnten.

Unter der Organisation des „Research Council" entstanden in der Folgezeit verschiedene Komitees, die sich mit Standards für die Filmindustrie auseinandersetzten. Im Juni 1945 bildete sich das „Academy Research Council Theatre Sound Standardization Committee", das die Tonanlagen in Kinos untersuchte, und im August 1945 veröffentlichte das „Academy Research Council Basis Laboratory Committee" die mittlerweile neunte Version des „Standard Release Print Leaders". Dieser „Leader" sollte als allgemeiner amerikanischer Standard anerkannt werden.

Dass sich die AMPAS auch nach der Abtrennung des „Research Council" um die Durchsetzung von Standards bemühte, beweist eine Meldung im <u>Annual Report 1978-1979</u>, in dem die Veröffentlichung des „Academy Standard Test Reel #6" mit den Worten „... ein Standard Ton Testfilm für Kinos der weltweit genutzt wird" angekündigt wurde.

Die Einführung von Standards durch die AMPAS half wesentlich bei der Neustrukturierung der vorher unübersichtlichen Filmindustrie. Durch Umfragen und Untersuchungen wurden sowohl die Interessen der Produzenten als auch die der Vorführer berücksichtigt, und beide Seiten bekamen Einblick in die Praxis des Gegenübers. Die Vermittlung von Informationen über den sachgemäßen Umgang mit Filmmaterial reduzierte außerdem den Verschleiß und sorgte für eine beträchtliche Geldeinsparung.

Sonstiges

Ähnlich wie bei der Durchführung des Bildungsprogramms nahmen die Berichte über Aktivitäten zur Förderung der Filmindustrie ab, je mehr sie innerhalb der AMPAS zur Routine wurden. An einigen Beispielen lässt sich trotzdem aufzeigen, wie vielschichtig und erfolgreich die unterschiedlichen Projekte der AMPAS waren.

Filmvorführungen

Wie bereits im ersten Kapitel erläutert, breitete sich Ende der zwanziger Jahre innerhalb der Gesellschaft massive Kritik gegenüber den Filmproduktionen aus. Sensationelle Stoffe und der wachsende Einfluss des Mediums Film veranlassten die verschiedensten gesellschaftlichen Gruppen, über Möglichkeiten der Zensur oder gesetzlichen Einschränkung der Filmindustrie nachzudenken. Um dieser Entwicklung entgegenzuwirken, begann die AMPAS 1929 Filme bereits vor ihrer allgemeinen Veröffentlichung Vertretern gesellschaftlich relevanter Gruppen vorzuführen. Eingeladen wurden unter anderem die American Library Association, die International Federation Of Catholic Alumnae, der Federal Council Of Churches, die American Association Of University Women oder der National Congress Of Parents And Teachers. Die Vertreter verfassten Berichte zu den Filmen, die über die jeweilige Organisation national vertrieben wurden. Diese Berichte hoben die „besseren" Filme hervor, während sie „schlechtere" Filme ignorierten, wodurch generell das Interesse an den „besseren" Filmen gefördert werden sollte. Die Filmvorführungen wurden schnell zu einem Erfolg, da die angesprochenen Gruppen sich ernst genommen fühlten, und die allgemeine Kritik an Filmproduktionen einen wesentlich geordneteren Weg einschlug. In einem Brief an die AMPAS hieß es:

„Wir sind davon überzeugt, dass die Kooperation zwischen nationalen Verbänden und der Academy viel Gutes bringen wird, nicht nur für das allgemeine Publikum, sondern auch für das Wohl der Filmindustrie."

Renten

Ebenfalls 1929 wurde von der AMPAS die Notwendigkeit erkannt, sich um die Veteranen der noch jungen Filmindustrie zu kümmern. Als im selben Jahr die Organisation des „Motion Picture Relief Fund" von der kommunalen Verantwortung in die Verantwortung der Filmindustrie übertragen wurde, übernahm die AMPAS die Organisation des „Fund". Von ihr stammte der Plan, dass aktive Schauspieler einen Anteil ihrer Gehälter in den „Motion Picture Relief Fund" einzahlen, um dadurch die finanzielle Existenz derjenigen zu sichern, die wegen Krankheit oder ihres zu hohen Alters ohne

Beschäftigung waren. Darüber hinaus wandte sich die AMPAS sowohl an ihre Mitglieder als auch an die führenden Organisationen der Filmindustrie, um weitere Unterstützung des „Fund" zu sichern.

Durch ihre Arbeit gewährleistete die AMPAS maßgeblich die weitere Versorgung der Bedürftigen und veranlasste die notwendigen Schritte, um die Übertragung des „Fund" in die Verantwortung der Filmindustrie reibungslos abzuwickeln.

Bewahrung der Filmgeschichte

1948 sorgte die AMPAS durch das „Paper Print Project" für die Wiederherstellung der ersten Filme der amerikanischen Filmgeschichte. Vor 1912 gab es in Amerika kein Copyright für Filme und die Filmemacher ließen deshalb die Einzelbilder ihrer Filme als Fotografien schützen. Als Folge dieser Praxis lagerten in der zuständigen Behörde, der Library Of Congress, sämtliche Filme der Zeit zwischen 1894 und 1912 in Form von zahllosen Einzelbildern. Da außer den Einzelbildern keine Exemplare dieser Filme mehr existierten, waren die ursprünglichen Arbeiten der frühen Filmgeschichte somit nicht mehr verfügbar.

Mit einem überaus aufwendigen Verfahren begann die AMPAS 1948 mit der Verfilmung der Einzelbilder, um dadurch die ursprüngliche Filmform wieder herzustellen und die Frühgeschichte des Films allgemein verfügbar zu machen. Unterstützt von Filmherstellern und anderen Organisationen leitete die AMPAS zwei Jahre lang das Projekt. Als deutlich wurde, dass der finanzielle Aufwand die Mittel der AMPAS überschritt, übernahm die US-Regierung die weitere Durchführung des Projekts, das in den sechziger Jahren abgeschlossen wurde.

Durch die Initiative der AMPAS ist es heute möglich, die Frühgeschichte der amerikanischen Filmindustrie wieder in ihrer ursprünglichen Form zu präsentieren, und sowohl die Filmindustrie als auch Wissenschaftler und Studenten profitieren erheblich von dieser Möglichkeit.

Einen weiteren Beitrag zur Sicherung der Filmgeschichte leistete die AMPAS durch die Einführung des „Oral History Program" im Jahr 1949. Das Programm sah vor, Interviews mit Pionieren der Filmgeschichte aufzuzeichnen, in denen persönliche Erfahrungen und Beschreibungen der damaligen Arbeitsweise thematisiert werden sollten. Diese Interviews sollten als Ergänzung zu den schriftlichen Beiträgen über die frühe Filmgeschichte dienen und Bibliotheken und Universitäten zur Verfügung gestellt werden.

„Dieses Programm wird den Studenten der Filmwissenschaften eine Sammlung von Originalmaterial über die Anfänge der Filmindustrie verfügbar machen. Durch die Stimmaufnahmen werden die vorhandenen geschichtlichen Aufzeichnungen durch farbenfrohe Anekdoten und persönliche Erfahrungen ergänzt, von Persönlichkeiten, die an den Anfängen der Filmindustrie beteiligt waren."

Ende 1949 waren bereits zwei Aufnahmen fertig gestellt, und Pläne sahen neun weitere Interviews innerhalb der nächsten zwei Wochen vor. Eine Ausgabe des Academy Report aus dem Jahr 1994 bestätigt, dass das Programm lange weitergeführt wird. 1993 zeichnete Barbara Hall, Oral History Program Coordinator der AMPAS, zwei Interviews mit ehemaligen Filmpionieren auf.

Dokumentarfilme

1948 sorgten die Untersuchungen des „House Un-American Activities Committee" über kommunistische Aktivitäten in der Filmindustrie für wachsende Kritik in der Gesellschaft. Als Reaktion darauf begann die AMPAS mit der Produktion von zwölf Dokumentarfilmen. Die Filme sollten die „realen Fakten über Hollywood und das Filmgeschäft" vermitteln, „um das Image der Filmindustrie zu verbessern".

Innerhalb von zwei Jahren wurden die Filme mit Mitteln der Filmindustrie fertig gestellt, und Titel wie „This Theatre And You", „Movies Are Adventure", „The Art Director", „Screen Actors", „Let´s Go To The Movies", „Moments In Music", „The Cinematographer", „The Costume Designer" oder „The Screen Writer" verdeutlichen die Inhalte. Die Einnahmen aus dem Kinoverleih der ersten fünf Filme spielten die Kosten für die Produktion der ganzen Reihe ein, und sowohl die Filmvorführer als auch die Öffentlichkeit waren begeistert „über die gute Public Relation Arbeit für die Industrie."

Im Anschluss an die Kinovorführung gingen die Filme in den Verleih für Schulen, Universitäten und Bibliotheken, und 1952 wurden sie im amerikanischen Fernsehen gesendet.

Insgesamt wurde der Erfolg der zwölf Filme in der Öffentlichkeit als überaus hoch bezeichnet, was in erster Linie der spontanen Arbeit der AMPAS zuzurechnen ist. Die Filmproduktion als Reaktion auf die wachsende Kritik verdeutlicht, wie unmittelbar sich die AMPAS um das allgemeine Image der Filmindustrie kümmerte.

Kongresse

Regelmäßig beteiligt sich die AMPAS an der Durchführung verschiedener Kongresse, die sich mit aktuellen Fragen der Filmindustrie auseinandersetzten. Drei unterschiedliche Beispiele sollen die Bandbreite dieses Bereiches der Filmförderung vorstellen.

Seit 1971 beteiligt sich die AMPAS jährlich an der Durchführung der „Filmex", einer Internationalen Filmausstellung in Los Angeles. Erst die Unterstützung der AMPAS machte diese Ausstellung möglich, und der Direktor der „Filmex", Gary Essert, bestätigte 1973: „ohne die Hilfe der Academy wäre die Ausstellung unmöglich gewesen."

1976 veranstaltete die AMPAS einen Kongress, der sich mit dem Einfluss der Computertechnologie auf den Prozess der Filmproduktion auseinandersetzte. Eingeladen wurden neben Studiovertretern auch Mitglieder aller Gewerkschaften, die Presse sowie Personen aus dem Computer- und Graphik-Bereich, um Fragen nach den Kosten der neuen Technologie, der Auswirkung auf die Berufsbilder der Filmindustrie oder der generellen Veränderung der Produktionsabläufe zu diskutieren. Als Grund für die Durchführung des Kongresses nannte die AMPAS „ihre Verantwortung gegenüber der gesamten Filmindustrie" und erklärte, dass sie dabei keinen einseitigen Standpunkt einnehmen, sondern ein Forum für Diskussionen bieten will. Der gesamte Kongress war für die Teilnehmer kostenlos.

Im Oktober 1992 unterstreicht die AMPAS durch einen „International Documentary Congress" ihre Verantwortung gegenüber Randgebieten der Filmindustrie am Beispiel des Dokumentarfilms. Mit Dokumentarfilmern, Filmverleihern,

Kritikern und der Öffentlichkeit sollte erstmals gemeinsam die Zukunft des Dokumentarfilms erörtert werden, um dadurch einen globalen Dialog über das Thema einzurichten. Bruce Davis, Executive Director der AMPAS, führte aus, dass der Kongress die Weiterführung der AMPAS-Arbeit im Bereich des Dokumentarfilms ist, die mit der Verleihung von Academy Awards an diese Filmgattung begonnen hat. Weitere Aktionen sollten dafür sorgen, dass der Dokumentarfilm einer breiteren Öffentlichkeit nahe gebracht wird.

Durch ihre Aktivitäten zur Förderung der Filmindustrie etablierte sich die AMPAS schnell als ernstzunehmende Organisation. Ihre Arbeit im Bereich der technischen Forschung führte das Prinzip der Kooperation und der gemeinsamen Forschung ein und weckte ein Gefühl der Gleichheit und Kameradschaft. Die von der AMPAS vertretene Meinung, dass Konkurrenz in der Industrie nicht aus der Technik, sondern aus dem künstlerischen Umgang mit der Technik entsteht, wurde allgemein akzeptiert und verfolgt. Darüber hinaus half die gemeinsame Forschung aller Studios, enorme Kosten einzusparen. Als ebenso erfolgreich erwies sich die Erstellung von Standards für die Filmindustrie, die für weitere Ordnung und Ersparnisse sorgten. Mit ihren sonstigen Aktivitäten baute die AMPAS darüber hinaus ihre Bedeutung für die Filmindustrie weiter aus. Spezielle Projekte wie die Produktion der Dokumentarfilme oder das „Paper Print Project" waren von unschätzbarem Wert und förderten das Ansehen der gesamten Filmindustrie.

Insgesamt kann man die Arbeit der AMPAS an ihren Erfolgen messen, und die Projekte zur Förderung der Filmindustrie waren maßgeblich dafür verantwortlich, dass sich die AMPAS in allen Bereichen der Industrie, von Studios über Filmmaterialhersteller bis zu Filmvorführern, als wichtige

Organisation durchsetzte. Auch hier ging es der AMPAS wie bei dem Bildungsprogramm in erster Linie darum, durch kompetente und seriöse Arbeit eine feste Position in der Filmindustrie zu erlangen, und diese anschließend kontinuierlich auszubauen. Besonders hervorzuheben ist auch die Tatsache, dass die AMPAS bei all ihren Aktivitäten immer in erster Linie die Interessen der Filmindustrie verfolgte, wie sich am Beispiel der Abspaltung des „Research Council" zeigte.

Kapitel 6: Filmische Kriegsführung
Zusammenarbeit der AMPAS mit dem Militär

Mit der Einrichtung des „Producers-Technicians Committee" im Jahr 1929 schuf die AMPAS eine zentrale Anlaufstelle für alle Fragen aus dem Bereich Filmtechnik. Da dieses Komitee verantwortlich die Kooperationen der gesamten Filmindustrie leitete, war es nur logisch, dass sich Anfang der dreißiger Jahre das Militär mit seinen filmtechnischen Problemen an die AMPAS wandte.

Training und Ausbildung

1930 nahmen Offiziere des U.S. Army Signal Corps erstmals Kontakt zur AMPAS auf mit der Bitte, sie bei der Produktion von Trainingsfilmen für das Militär zu unterstützen. Das „Producers-Technicians Committee" der AMPAS sollte dabei die Aufgabe übernehmen, ausgewählte Offiziere mit der Technik des Tonfilms vertraut zu machen. Das Ziel war, anschließend innerhalb des Signal Corps eine eigene Filmabteilung aufbauen zu können. Der Board Of Govenors der AMPAS beschloss, diese wichtige Aufgabe zu übernehmen, und im Oktober 1930 begann die Ausbildung des ersten Offiziers.

Die neunmonatige Ausbildung sah eine breite Einführung in die Filmproduktion vor, und gemeinsam entwarfen das „Producers-Technicians Committee" und ein Vertreter des Signal Corps einen Lehrplan, der den Besuch verschiedener Studios sowie die Produktion eines ersten Trainingfilms beinhaltete. In einem Zwischenbericht urteilte Capt. F. W. Hoorn, der Offizier, der die erste Ausbildung absolvierte:
„Meine Mission in Hollywood kann zusammenfassend als ein Kurs für die Vorbereitung der Produktion von lehrreichen

Tonfilmen beschrieben werden. Ich bin der Meinung, dass das vermittelte Wissen vom großen Nutzen sein wird für folgende Beobachtungen, die in anderen Studios vorgenommen werden, so dass der größtmögliche Nutzen aus der verbleibenden Zeit gezogen wird."

Insgesamt wurde das Ausbildungsprogramm der AMPAS zu einem großen Erfolg, und bis 1941 wurde es jährlich von je einem Offizier absolviert. Die in der Ausbildung erlernten Fähigkeiten bildeten die Basis für ihre spätere Arbeit an Militärfilm-Produktionen.

1940 begannen unter der Leitung des "Research Council" weitere Ausbildungsprogramme für Militärpersonal. Mit dem Ziel, spezielle Einheiten für die Produktion von Filmen und Fotografien zu bilden, bot die AMPAS verschiedene Kurse an, und bis 1943 nahmen 145 Personen an einem Kurs für Filmtechnik und 212 Personen an einem Kurs für Fotografie teil.

Militär-Filme

Im Verlauf des zweiten Weltkrieges stieg die Zahl der Soldaten drastisch an, und Trainingsfilme wurden immer häufiger zur Informationsvermittlung eingesetzt. Da die Produktionskapazitäten der Militärfilmabteilungen bald erschöpft waren, wandte sich 1942 das Signal Corps erneut an das „Research Council" mit der Bitte um Unterstützung.

Das „Research Council" entwarf daraufhin einen Plan, der die Produktion von Trainingsfilmen durch verschiedene Studios vorsah und organisierte den generellen Ablauf. Die Studios stellten für die Produktion kostenlos Mitarbeiter und Technik zur Verfügung, und auch die AMPAS forderte keine

Bezahlung für ihre Arbeit. Einzig das Filmmaterial musste von der Regierung bezahlt werden. Gemeinsam produzierten die Studios unter Leitung des „Research Council" bis 1943 über 300 Filme, die Einführungen in die unterschiedlichsten Bereiche des Militärs gaben. Titel wie „Sex Hygiene", „Pioneer Equipment", „The 60mm Mortar, Mechanical Training", „The Articles Of War", „Battle Formations" oder „Combat Report" spiegeln die Bandbreite der Produktion wider.

Sonstiges

Parallel zur Zusammenarbeit mit dem Militär begann die AMPAS zu Beginn der vierziger Jahre, eine Sammlung von Dokumentarfilmen über den Krieg anzulegen. Durch die aufgebauten Kontakte zum Militär und zur US-Regierung kam sie in den Besitz vieler seltener Dokumentarfilme, und bis 1944 stieg deren Zahl auf 340. Die „War Film Library" enthielt Filme aus Amerika, England, Kanada, Mexiko und Russland und wurde aufgrund ihrer Einzigartigkeit schnell zu einer bemerkenswerten Referenzquelle. Auf Anfrage konnte die Sammlung, die als komplette Dokumentation der modernen Kriegführung galt, von der AMPAS ausgeliehen werden, und diese Möglichkeit wurde sowohl vom Militär als auch von der Filmindustrie in hohem Maße genutzt.

Aus den Filmen der „War Film Library" erstellte die AMPAS darüber hinaus einen „War Film Catalogue", der die Inhalte der Sammlung in schriftlicher Form zusammenfasste. Mit Angaben über Titel, Inhalt, Länge, Produzent, Datum der Veröffentlichung und beteiligten Mitarbeitern der Dokumentarfilme bot der „War Film Catalogue" eine einzigartige und übersichtliche Aufstellung über die Rolle des Mediums Film während des zweiten Weltkrieges. Ergänzt wurde der „War Film Catalogue" durch einen „War Clipping File", in dem alle Berichte und Artikel aus Zeitungen und Magazinen, die die Kooperation zwischen dem Militär und der

Filmindustrie thematisierten, gesammelt wurden.

1945 zeigte sich, dass auch die Filmindustrie von der Zusammenarbeit zwischen der AMPAS und dem Militär profitierte. Das Signal Corps hatte während des Krieges einen deutschen Farbfilm sichergestellt, der für die Filmindustrie wegen der neuen Farbtechnik von großem Interesse war. Der Signal Corps stellte der AMPAS den Film für drei Wochen zur Verfügung, und sie organisierte den Verleih und die Präsentation für interessierte Studios und Filmlabors.

Die Zusammenarbeit mit dem Militär wurde von der AMPAS mit dem Ziel begonnen, den Film auf lange Sicht als kulturelles Medium zu etablieren und sich als hervorragende Institution der Filmindustrie zu bewähren. Wie erfolgreich die Umsetzung dieser Ziele gelang, beweist unter anderem die Tatsache, dass 1940 der „Research Council" von der amerikanischen Regierung als führende Autorität in der Produktion von Militärfilmen ausgezeichnet wurde. Die gesamte Arbeit der AMPAS, vor und während des zweiten Weltkrieges, führte dazu, dass sie auch von staatlicher Seite als führende Organisation der Filmindustrie anerkannt wurde. Durch ihre Erfahrung auf dem Bereich der Bildungsarbeit und durch die zentrale Bedeutung des „Research Councils" war es der AMPAS möglich, dem Militär überaus fundierte Unterstützung bei der Lösung aller Probleme anzubieten. Darüber hinaus sorgte sie durch die Erstellung der „War Film Library", des „War Film Catalogue" und des „War Clipping File" für eine einzigartige Dokumentation über die Rolle der Filmindustrie während des Krieges. Besonders die Zusammenarbeit mit dem Militär beweist, wie erfolgreich das Prinzip der AMPAS funktionierte, sich durch kompetente Zusammenarbeit auf einem speziellen Gebiet als bedeutende Organisation zu etablieren.

Kapitel 7: Von Amerika in die ganze Welt
Internationale Aktivitäten

Die Bestrebung, internationale Kontakte aufzubauen, entwickelte sich in der AMPAS nur langsam. In den frühen Ausgaben des <u>Academy Bulletin</u> wurde über sporadische Besuche von ausländischen Vertretern bei der AMPAS berichtet, eine direkte Zusammenarbeit bestand allerdings nicht.

Erste Kontakte

Dieser Zustand änderte sich erste gegen Ende der vierziger Jahre durch das Engagement des damaligen Executive Director, Margaret Herrick. 1946 entstanden Pläne, einen internationalen Austausch von Dokumentarfilmen einzurichten, um dadurch mehr über andere Länder zu erfahren. Außerdem sollte eine internationale Filmkonferenz durchgeführt werden, bei der die führenden Fachleute der Welt über die Entwicklung der Filmproduktion diskutieren könnten, ähnlich wie es bei Zusammenkünften anderer Berufsverbände üblich war.

Im selben Jahr reiste Margaret Herrick zu den Internationalen Filmfestspielen in Cannes, um Informationen über die Organisation und Durchführung eines solchen Festivals zu sammeln. Zwar kam es nie zur Durchführung der geplanten Projekte, aber als Resultat der Reise nach Cannes und dem wachsenden internationalen Interesse der AMPAS wurden 1948 erstmals Pläne geäußert, einen speziellen Academy Award für ausländische Filme einzurichten.

„Ein internationaler Award, gut geplant und sorgsam organisiert, würde eine engere Beziehung zwischen amerikanischen Filmschaffenden und denen anderer Länder fördern."

Noch im selben Jahr richtete die AMPAS einen „Foreign Language Film Award" ein, was zahlreiche Besuche internationaler Filmvertreter in Hollywood zur Folge hatte. Bis 1956 wurde die Auszeichnung der ausländischen Filme allein vom Board Of Govenors festgelegt, erst danach wurden die Gewinner durch die Wahl aller AMPAS-Mitglieder bestimmt. Margaret Herrick unternahm ebenfalls 1956 eine Reise durch Europa mit dem Ziel, „die neuen Regeln für den ausländischen Filmpreis den Köpfen der europäischen Filmakademien zu erklären." 1958 meldete der <u>Academy Report</u>, dass die Academy Awards Verleihungen mehr internationales Flair als je zuvor aufwies. Zusätzlich zu den Repräsentanten der fünf nominierten fremdsprachigen Filme hatte die AMPAS zu den Awards-Feierlichkeiten führende Vertreter der internationalen Filmwirtschaft eingeladen. Neben Vertretern der Filmfestivals in Berlin, Cannes und Venedig gehörten der Präsident der Filmkritiker Vereinigung Italiens, der Public Relations Chef der indischen Filmindustrie sowie ein indischer Botschafter zu dieser Gruppe. Das Programm für die Gäste sah neben dem Besuch der Awards Verleihungen eine Pressekonferenz, verschiedene gesellschaftliche Zusammenkünfte mit amerikanischen Filmvertretern sowie Besichtigungstouren durch einige Filmstudios vor.

In den folgenden Jahren fanden weitere Besuche internationaler Gäste bei der AMPAS statt, wie zum Beispiel von Mitgliedern des International Congress of Schools of Cinema and Television mit über 90 Teilnehmern aus acht Nationen oder einer Delegation führender Vertreter der

Filmindustrie aus der Volksrepublik China. 1979 reiste mit der Präsidentin Fay Kanin erstmals seit 17 Jahren wieder ein Vertreter der AMPAS nach Europa. Die dreiwöchige Reise, „als Botschafter des Wohlwollens der Academy", führte sie nach London, Stockholm, Berlin, München, Madrid, Rom und Paris. Ziel der Reise war es, das wenig bekannte Bildungs- und Kulturprogramm der AMPAS international vorzustellen, um es in Zukunft auch in anderen Ländern verfügbar zu machen, und tatsächlich kam es daraufhin zu einem Künstleraustausch im Rahmen des „Visiting Artists Program" mit Schweden, Italien, Frankreich und Deutschland.

Auch nach 1980 besuchten AMPAS-Mitglieder vereinzelt andere Länder, und Vertreter ausländischer Filmindustrien besuchten Hollywood, allerdings entwickelten sich hieraus keine weiteren Kooperationen. Da die Vorschläge für die Nominierungen zum „Foreign Language Film Award" jeweils von den führenden Filmorganisationen der jeweiligen Länder an die AMPAS übermittelt werden, besteht hier ein weltweites Kontaktnetz, das sich aber nur auf die Awards Verleihungen beschränkt. Darüber hinaus kam es in der Geschichte der AMPAS nur einmal zu einer engeren Zusammenarbeit mit einer ausländischen Institution.

Feste Kooperationen

1948 entwickelte sich zwischen der AMPAS und der 1947 gegründeten British Film Academy eine Kooperation, mit dem Ziel, einen Austausch von Publikationen zwischen den beiden Organisationen einzurichten. Gemeinsam wurde ein System ausgearbeitet, bei dem amerikanische Bücher und Magazine nach England geschickt wurden, und im Gegenzug dafür englische Printmedien an die AMPAS geliefert wurden.

Hintergrund dieser Zusammenarbeit war das Bestreben beider Organisationen, eine möglichst umfassende Bibliothek aufzubauen.

Über die Jahre festigte sich diese Zusammenarbeit, und 1977 führte sie zu einem Austauschprogramm, das in seiner Art als einmalig galt. Das Programm sah vor, dass Mitarbeiter der Bibliotheken der beiden Organisationen für drei Monate ihre Arbeitsplätze tauschten, um dadurch soviel wie möglich über Arbeitsweise und Bestände des anderen zu erfahren. Da die Bibliothek der AMPAS zu den größten Filmbibliotheken Amerikas gehörte und das British Film Institute eine ähnliche Stellung in Europa einnahm, sollte dieses Programm dafür sorgen, weltweit einen unvergleichbaren Service zu bieten. Im Herbst 1977 wurde der erste Austausch durchgeführt, und beide Institutionen betonten die Bedeutung für die Forschungen von Wissenschaftlern, Studenten und Mitarbeitern der Filmindustrie aus der ganzen Welt.

Insgesamt kann man die internationalen Aktivitäten der AMPAS als eher unbedeutend bezeichnen. In den Anfangsjahren war die AMPAS in erster Linie darauf bedacht, sich innerhalb der amerikanischen Filmindustrie zu etablieren, und es bestanden keine internationalen Interessen. Erst Ende der vierziger Jahre wurden durch das Engagement Margaret Herricks Pläne für internationale Projekte erstellt, aber obwohl ihre Reisen als „feiner Public Relations Job" bezeichnet wurden, kam es nie zu einer Durchführung der geplanten Projekte. Mit der Einrichtung des „Foreign Language Film Award" 1948 richtete die AMPAS zum ersten Mal die Aufmerksamkeit auf ausländische Produktionen, und die Academy Awards Verleihungen gewannen international an Bedeutung. 1966 bezeichnete George Likeness die Academy Awards als wahrhaft internationale Erscheinung, der beste Film 1963 war britisch, die beste Schauspielerin 1959 Französin, der beste Song 1960 kam aus Griechenland, und die besten Dokumentarfilme kamen in der Regel nicht aus Amerika. Aber trotz dieser internationalen Ausweitung der Awards gab es keine Bestrebungen, auch die anderen Arbeitsbereiche der AMPAS weltweit auszudehnen.

Ende der siebziger Jahre war es wieder das Engagement einer Einzelperson, das zu neuen internationalen Kontakten führte. Durch die Reisen der damaligen Präsidentin der AMPAS, Fay Kanin, wurden Ende der siebziger und Anfang der achtziger Jahre erstmals Teile des Bildungsprogramms außerhalb von Amerika angeboten und durchgeführt. Aber auch hieraus bildeten sich keine festen Kooperationen mit ausländischen Organisationen.

Die einzige beständige Kooperation der AMPAS mit einer ausländischen Organisation wurde von dem Interesse getragen, die Bibliothek der AMPAS zu erweitern und deren Service auszubauen. Hier bestand ein konkretes Interesse, das auch intensiv gepflegt wurde.

Die internationalen Aktivitäten zeigen, wie sehr sich die AMPAS in ihrer Öffentlichkeitsarbeit auf Bereiche beschränkt, in denen sie ein spezielles Interesse verfolgt. Der internationale Bekanntheitsgrad der Academy Awards entwickelte sich zu Ausmaßen, die weitere Projekte unnötig erscheinen ließen, und einzig das Engagement von Einzelpersonen führte zeitweise zu einer Intensivierung der internationalen Kontakte. Insgesamt kann festgestellt werden, dass die internationalen Aktivitäten zu keiner Zeit fester Bestandteil der Öffentlichkeitsarbeit der AMPAS waren. Dieses Beispiel zeigt, wie sehr die Intention die Ausprägung der Öffentlichkeitsarbeit der AMPAS prägt.

Kapitel 8: Tue Gutes und schreibe darüber
Publikationen

Die AMPAS veröffentlicht seit ihrer Gründung zahlreiche Publikationen für unterschiedliche Zielgruppen. Zum einen versorgt sie über Mitgliedermagazine und Jahresberichte ihre Mitglieder mit Informationen über ihre Aktivitäten (interne Publikationen), zum anderen veröffentlicht sie Handbücher für die Filmindustrie und betätigt sich als Mitherausgeberin für Filmbücher aller Art (externe Publikationen).

Interne Publikationen: Mitgliedermagazine

Die erste Ausgabe eines Mitgliedermagazins der AMPAS erschien am 1.Juni 1927 unter dem Titel Bulletin - Academy Of Motion Picture Arts And Sciences. Monatlich versorgte der Academy Bulletin die Mitglieder mit Informationen über die Aktivitäten der AMPAS, wobei eine unkritische Berichterstattung und eine umfangreiche Informationsvermittlung im Vordergrund standen. Bis 1935 erschien der Academy Bulletin regelmäßig und liefert dadurch eine umfassende Dokumentation über die Gründungsjahre der AMPAS. In ihrem Buch „The Inauguration Of Oscar" beschreibt Erika J. Fischer den Academy Bulletin als kaum bekannte und kaum benutzte Quelle, die detailliert und verlässlich die Entwicklung der AMPAS beschreibt, und auch Richard Shale lobt ihn als „eine der besten Informationsquellen". Zwischen 1927 und 1937 sorgte der Academy Bulletin trotz seines eingeschränkten Adressatenkreises immer wieder für Kommunikation und Diskussionen, die über die Kreise der AMPAS hinausgingen und fungierte dadurch als „sowohl internes als auch externes Public Relation Werkzeug." Warum die Veröffentlichung des Academy Bulletin 1937 eingestellt wurde, ist nicht bekannt.

Erst 1945 wurde mit dem Magazin <u>For Your Information</u> die Information der Mitglieder wieder aufgenommen, und es erschien unregelmäßig zwischen fünf und sieben Mal pro Jahr bis 1950. Im ersten Jahr wurde die Hoffnung geäußert, dass sich dieses Magazin zu einem „echten Academy Magazin" entwickeln würde, aber während seines fünfjährigen Erscheinens beschäftigte es sich ausschließlich mit AMPAS-Interna. In gleicher Form und Erscheinungsweise wurde zwischen 1956 und 1971 mit dem Magazin <u>Academy Report To The Members Of The Academy Of Motion Picture Arts And Sciences</u> die Mitglieder-Information weitergeführt.

Im April 1973 erschien unter dem Titel <u>The Bulletin</u> das erste Magazin, das den 1950 geäußerten Wünschen nach einem umfassenderen Magazin gerecht wurde. Buchkritiken, kritische Artikel sowie allgemeine Informationen über die Filmindustrie ergänzten die Informationen über die AMPAS, und außer an die Mitglieder wurde es an über 2000 Hochschulen, Museen, Bibliotheken und Filmorganisationen weltweit vertrieben. Im Winter 1978 wurde auch diese Veröffentlichung ohne eine Begründung wieder eingestellt.

1979 erfolgte mit dem <u>Academy Interim Report</u> der Versuch, <u>The Bulletin</u> unter neuem Namen und mit einem neuen Layout wieder aufleben zu lassen, aber die ausschließliche Vermittlung von Informationen über die AMPAS erlebte nur eine Ausgabe.

Ab 1988 wurde mit dem <u>Academy Report</u> ein neues Magazin für die Mitglieder veröffentlicht, in dem Bestreben, wieder einen ständigen Informationsfluss zwischen der AMPAS und ihren Mitglieder einzurichten.

An keiner Stelle lassen sich Informationen darüber finden, aus welchen Gründen die Veröffentlichung einzelner Mitgliedermagazine eingestellt und erst Jahre später wieder fortgeführt wurde. Vermutlich wurden diese Entscheidungen vom Board Of Govenors gefällt und waren von seiner jeweiligen personellen Zusammensetzung und der aktuell verfolgten Politik abhängig. Dasselbe gilt für die diskontinuierliche Veröffentlichung der Jahresberichte.

Jahresberichte

Zum ersten Mal veröffentlichte die AMPAS Annual Reports in den Jahren 1929 und 1930. Im Academy Bulletin No. 28 wurde berichtet, dass der aktuelle Jahresbericht ungewöhnlich große Aufmerksamkeit bei Vertretern der Filmindustrie, der Presse und Filmorganisationen erregte. Neben den Zielen und Aufgaben der neuen Organisation enthielten diese ersten Ausgaben Rückblicke auf die Aktivitäten der AMPAS sowie Pläne für die Zukunft. Eine weitere Ausgabe des Annual Report erschien 1941.

In der Zeit zwischen 1945 und 1950 übernahm der Report Of The President To The Members Of The Academy Of Motion Picture Arts And Sciences die Aufgabe des Jahresberichtes. Ausführlich wurde über die Aufgaben und Ziele der AMPAS berichtet, und einzelne Artikel stellten die verschiedenen Aktivitäten vor. Unter Überschriften wie „Research Library", „Educational Program" oder „Membership" wurden die Entwicklungen des vergangenen Jahres zusammengefasst. Ein abschließender Kommentar des Präsidenten der AMPAS vervollständigte den Bericht.

Seit 1978 veröffentlicht die AMPAS wieder Annual Reports mit Informationen über das vorangegangene Jahr. Neben

Gewinnerlisten der jeweiligen Academy Awards Verleihungen fassen die Berichte die unterschiedlichen Programme der AMPAS zusammen, berichten über die aktuelle Struktur der Organisation und enthalten den finanziellen Bericht des abgeschlossenen Geschäftsjahres. Über viele Jahre konnte man die Annual Reports als die zuverlässigste und ausführlichste Quelle über die Aktivitäten der AMPAS bezeichnen.

Externe Publikationen: Handbücher

1933 begann die AMPAS mit der Veröffentlichung verschiedener „Credit Bulletins", die monatlich darüber Aufschluss gaben, welche Künstler an der Produktion der aktuell veröffentlichten Filme beteiligt waren. Der „Writers´ Bulletin" enthielt Informationen über Autoren und die literarischen Vorlagen zu bestimmten Filmen, der „Directors´ Bulletin" informierte über Regisseure und Schauspieler, und die „Production List" listete den Produzent, die Verleihfirma, die Produktionsdauer und Drehbuchinformationen der fertig gestellten Filme auf. 1938 wurden die drei „Credit Bulletins" erstmals gemeinsam unter dem Titel „Screen Achievement Records Bulletin" veröffentlicht und in erster Linie an Studios und Produktionsfirmen per Abonnement verschickt. 1978 änderte sich der Name des Handbuchs in „The Annual Index To Motion Picture Credits", und unter diesem Titel wird es auch heute noch produziert und vertrieben.

Die AMPAS versteht den „Annual Index" als Service für die Filmindustrie. Mit der aktuellen Aufteilung in vier Bereiche, einer Auflistung der produzierten Filme, einer Liste über die Mitarbeiter der Filme nach Berufsgruppen, einer Liste der Veröffentlichungen nach Filmfirmen und einem alphabetischen Verzeichnis der Personen mit Angaben über ihre Beteiligung an den produzierten Filmen ist der „Annual Index" das einzige Handbuch seiner Art. Die Ausgaben liefern die Aufstellung aller seit 1933 in Hollywood produzierten Filme und werden sowohl von den Filmstudios als auch von Wissenschaftlern und Studenten als zuverlässiges Referenzbuch geschätzt.

Innerhalb der Filmindustrie hat sich der „Annual Index" unter dem Namen „die Bibel, wer was in der Filmindustrie gemacht hat" etabliert. In anderen gesellschaftlichen Kreisen gilt er als eher unbekannt, da die AMPAS das Handbuch ohne besondere Ankündigungen an die Abonnenten vertreibt.

Das zweite wichtige Handbuch der AMPAS, „The Academy Players Directory", erschien erstmals 1938 als Alternative zu den vielen privaten Casting-Büchern jener Zeit, die für viele Schauspieler unerschwinglich waren und deshalb nur eine geringe Anzahl von Schauspielern vorstellten. Mit der Einführung eines einheitlichen Casting-Handbuchs, bei dem jedem Schauspieler für einen erschwinglichen Preis derselbe Platz eingeräumt wurde, verschwanden die privaten Anbieter, was sowohl Schauspielern als auch Filmstudios viel Geld sparte. Als „Bibel der Casting Direktoren" wurde „The Academy Players Directory" schnell zum unentbehrlichen Bestandteil der Filmindustrie. Heute erscheint das Handbuch dreimal pro Jahr. Zu den Käufern gehören die Besetzungsabteilungen der Filmstudios, private Agenturen, Regisseure und andere, an der Beschäftigung von Schauspielern interessierte Organisationen.

Der Erfolg des Handbuchs wird durch die Zahl der abgebildeten Schauspieler deutlich, die zwischen 1938 und 1992 von 1.200 auf 18.150 stieg, und 1978 stellte Charles Champlin fest: „Das unglaubliche Gefühl, dass man nicht mehr länger in diesem Verzeichnis aufgeführt werden braucht, ist ein sichereres Zeichen für Erfolg als eine ungelistete Telefonnummer."

Zeitschriften

Seit ihrer Gründung plante die AMPAS, eine eigene repräsentative Zeitschrift herauszugeben, mit der die Ziele und Aufgaben der AMPAS einer größeren Öffentlichkeit nahe gebracht werden sollten. Doch alle vier Versuche, eine solche Zeitschrift zu etablieren, scheiterten.

Im November 1927 erschien die erste und einzige Ausgabe der Zeitschrift „Motion Picture Arts And Sciences". Trotz des ursprünglichen Vorhabens, eine große Leserschaft zu erreichen, wandte sich die Zeitschrift in erster Linie an die Mitglieder der AMPAS und an Mitarbeiter der Filmindustrie. Obwohl die künstlerische und literarische Qualität der Zeitschrift gelobt wurden, wurde die Produktion ohne Angabe von Gründen nach der ersten Ausgabe eingestellt.

1928 verhandelte der Board Of Govenors mit den Betreibern des „Hollywood Magazine" über die Übernahme der Zeitschrift durch die AMPAS, da es in Stil und Inhalt den Vorstellungen der AMPAS sehr nahe kam:

„Ein Prinzip der Academy seit ihren Anfängen war einen sauberen, umfassenden, wahren und konstruktiven Journalismus in Zusammenhang mit Filmen zu fördern. Hollywood Magazine repräsentiert genau dieses Prinzip im Bereich der Fan Publikationen."

Es sollte nach der Übernahme weiterhin unter seinem alten Namen erscheinen, aber die Interessen der AMPAS vertreten.

Im April 1929, nach mehrmonatigen Verhandlungen, wurde diese Vereinbarung in beiderseitigem Einvernehmen gelöst, ohne dass eine einzige Ausgabe erschienen war. Es hatte sich herausgestellt, dass das „Hollywood Magazine" nicht, wie angestrebt, als nationale Veröffentlichung mit einer Auflage von ungefähr 100 000 Exemplaren in den ganzen USA würde vertrieben werden können. An einer periodisch erscheinenden Schrift mit geographisch eingeschränkter Verbreitung war die AMPAS nicht interessiert.

Mit hohen Ansprüchen und Erwartungen ging die AMPAS 1939 daran, die gescheiterte erste AMPAS-Zeitschrift „Motion Picture Arts and Sciences" nach über zehn Jahren unter dem neuen Titel „Montage" wiederzubeleben. Als Zielgruppe sollte die Filmindustrie erreicht werden, doch im Abonnement sollte „Montage" auch für andere interessierte Organisationen und Einzelpersonen erhältlich sein. Inhalt und Gestaltung des Monatsmagazins sollten sich auf einem Niveau bewegen „vergleichbar zu akademischen und professionellen Magazinen anderer Bereiche". Der Plan, der Probeausgabe aus dem Jahre 1939 weitere Hefte folgen zu lassen, wurde vom Ausbruch des Zweiten Weltkrieges im September desselben Jahres vereitelt.

Mehr als drei Jahrzehnte vergingen, bis eine neue Generation von AMPAS-Mitgliedern beschloss, einen neuen Versuch zu unternehmen. Unter dem Titel „Academy Leader" erschien 1972 eine informative Mischung aus Nachrichten, Mitteilungen und Filmkritiken. In der dritten Ausgabe wurde mit dem Hinweis auf eine nötige Reflexion angekündigt, dass die Veröffentlichung ausgesetzt wird, um nach einer gewissen Zeit wieder regelmäßig vierteljährlich fortgesetzt zu werden. Geplant war „eine Publikation, die alle, denen die Kunst und die Industrie der Filmwirtschaft wichtig ist, lesen wollen." Eine Neuauflage der Zeitschrift erfolgte jedoch nicht.

Sonstiges

Neben den regelmäßigen Publikationen veröffentlichte die AMPAS auch immer wieder Berichte, Bücher und Broschüren oder beteiligte sich als Mitherausgeberin bei Projekten anderer Personen und Institutionen. Im Folgenden werden die wichtigsten Einzelpublikationen der AMPAS vorgestellt.

„Academy Report No. 1: Incandescent Illumination"
Den ersten Bericht veröffentlichte die AMPAS 1928. „Incandescent Illumination" war die Zusammenfassung der im selben Jahr durchgeführten Demonstrationen über neue Beleuchtungstechniken. In ihm wurden die Untersuchungen der AMPAS dokumentiert, und sowohl Universitäten, technische Firmen als auch ausländische Organisationen zeigten großes Interesse an diesem Bericht.

„Introduction To The Photoplay"
Nach der Durchführung des ersten Hochschulkurses an der University Of Southern California veröffentlichte die AMPAS 1929 ein Buch, welches die Skripte der Vorlesungen, ergänzende Berichte von AMPAS-Mitgliedern sowie ein Wörterbuch mit 1500 Filmbegriffen beinhaltete. Ziel des Buches war es, Kompetenzen zu klären und für die Filmindustrie und den Hochschulbereich eine allgemeine theoretische Grundlage zu schaffen.

„Recording Sound For Motion Pictures"
Dieses Buch erschien 1930 und basierte auf den Tonkursen, die 1929 von der AMPAS durchgeführt wurden. Schnell entwickelte es sich zum bekanntesten und umfassendsten Nachschlagewerk über alle gebräuchlichen Techniken der Tonaufzeichnung und -wiedergabe. In der weltweiten Presse erhielt das Buch hervorragende Kritiken, und die hohe

Nachfrage führte zu mehreren Neuauflagen des Buches. Von der AMPAS konzipiert als „geläufiges Textbuch zur Förderung des allgemeinen Verständnisses und der Koordination, welche so wichtig ist für das Wachstum der Filmindustrie", war das Buch auch ein Beweis für die Bedeutung der Zusammenarbeit zwischen Studios, kommerziellen Firmen und Universitäten.

„Motion Picture Sound Engineering"
Die Fortsetzung von „Recording Sound For Motion Pictures" erschien 1938 und fasste die neuen Forschungsergebnisse auf dem Gebiet der Tontechnik zusammen. Auch dieses Buch basierte auf technischen Kursen der AMPAS und wurde genauso erfolgreich wie sein Vorgänger.

„Academy War Film Library"
1944 veröffentlichte die AMPAS ein Buch, das über den Bestand ihrer „War Film Library" informierte. Über 400 Kriegsfilme aus England, Kanada, Russland, Belgien und Amerika wurden aufgelistet und beschrieben, sowohl als Hilfe für Studioproduktionen als auch als Nachschlagewerk für das Militär.

„The Arts And Sciences Of Motion Pictures"
Dieses Buch von Muriel de Lisa erschien 1951 und wurde von der AMPAS finanziell unterstützt. Es behandelte jeden Aspekt der Filmproduktion, enthielt über 150 Beiträge führender Branchenvertreter und sollte eine wichtige Rolle in der Bildungsliteratur einnehmen.

„What Is The Academy?"
Mit dieser Broschüre stellte die AMPAS 1959 erstmals ihre Organisation vor. Unter den Überschriften „Purposes", „History", „Membership", „Officers And Govenors", „Executive Staff", „Financial Support", „Academy Awards", „Academy

Library", „Film Library", „Educational Films", „Academy Award Theater", „Academy Museum", „Players Directory" und „Academy Bulletins" erhielt man Einblick in die Organisation, die Aktivitäten und die Pläne der AMPAS.

„Who Wrote The Movie And What Else Did He Write?"
Gemeinsam mit der „Screen Writers´ Guild" veröffentlichte die AMPAS 1970 ein Buch, das Filmautoren und ihre Werke aus den Jahren 1936 bis 1969 vorstellte. Äußerst detailliert und umfassend etablierte es sich als beliebtes Nachschlagewerk.

„What Is The Academy?"
1971 erfolgte eine Neuauflage der Broschüre von 1959, die an alle Mitglieder und die nationale Presse verschickt wurde. Die Reaktionen auf die Broschüre waren durchweg positiv und führten dazu, dass die AMPAS in den nationalen Medien näher vorgestellt wurde. In der Folgezeit erschienen regelmäßig weitere Neuauflagen dieser erfolgreichen Broschüre.

„Introduction To The Photoplay"
Zum 50-jährigen Jubiläum der AMPAS veröffentlichte 1977 John C. Tibbetts für die AMPAS eine Neuauflage ihres Buches von 1929. Ergänzt durch unveröffentlichte Beiträge wichtiger Filmpioniere bot es einen einzigartigen Einblick in die frühe Filmgeschichte.

„50 Golden Years Of Oscar"
Ebenfalls zum fünfzigsten Geburtstag erschien 1978 mit dem Buch von Robert Osborne das erste autorisierte Werk über die AMPAS. Es stellte die Geschichte der Organisation auf Jahresblättern vor, fasste generelle Entwicklungen zusammen und führte die bisherigen Gewinner der Academy Awards auf. Jedes Mitglied der AMPAS erhielt ein persönliches Exemplar dieses Buches. Zu jedem „runden" Jubiläum werden seitdem aktualisierte Ausgaben des Buches veröffentlicht.

„100 Rare Books From The Margaret Herrick Library"
1987 veröffentlichte die AMPAS eine Zusammenstellung der besonders seltenen Bücher ihrer Bibliothek. Als Hilfe für wissenschaftliche Forschungen konzipiert, sollte es außerdem die Arbeit der AMPAS-Bibliothek dokumentieren und der Beginn einer losen Reihe über bedeutende Filmbücher sein.

„One Hundred Books On Hollywood & The Movies"
Dieses Buch der AMPAS erschien im Juli 1993 und führte die 1987 begonnene Reihe fort. Mittels einer Umfrage bei Buchsammlern und Filmstudenten wurden die 100 wichtigsten Bücher über Filmproduktion ermittelt und in dem neuen Buch zusammengefasst.

Die Publikationen der AMPAS verfolgten unterschiedliche Ziele. Während die internen Publikationen ausschließlich für die Mitglieder konzipiert waren und dieses durch Inhalt und Form auch vermittelt wurde, wandten sich die externen Publikationen an die Öffentlichkeit und dienten zum größten Teil als Dokumentation der AMPAS-Aktivitäten. Obwohl die internen Publikationen auch teilweise für Diskussionen außerhalb der AMPAS sorgten, waren sie hauptsächlich für die angestrebte Adressatengruppe von Interesse. Heute kann man anhand der internen Publikationen die Geschichte der AMPAS detailliert zurückverfolgen. Großen Erfolg hatten die beiden Handbücher, die seit den dreißiger Jahren von der AMPAS extern veröffentlicht wurden. In ihnen spiegelte sich das Bestreben wider, die Filmindustrie besser zu organisieren, und ihre Einführung führte dazu, dass erstmals verlässliche Referenzwerke entstanden. Anstatt die zahlreichen Veröffentlichungen privater Firmen zu nutzen, wurde den Filmstudios die Möglichkeit geboten, aus einer Hand detaillierte und umfassende Informationen zu erhalten.

Dies führte zu einer besseren Übersichtlichkeit der noch ungeordneten Filmindustrie und ersparte allen Beteiligten unnötige Ausgaben.

Die verschiedenen Versuche der AMPAS, externe Zeitschriften zu etablieren, unterstrichen das wachsende Interesse an der Öffentlichkeit. Da sie in diesen Zeitschriften allerdings in erster Linie die Berichterstattung über die eigene Organisation verfolgte, gelang es ihr nicht, auch externe Leser an die Zeitschriften zu binden. Zu sehr ähnelten sie den intern veröffentlichten Mitgliedermagazinen, ohne darüber hinaus relevante Informationen zu vermitteln. Mit diesem Konzept waren die Zeitschriften zum Scheitern verurteilt.

Als wesentlich erfolgreicher stellte sich die Publikation verschiedener Sachbücher heraus, die die Aktivitäten der AMPAS in den Bereichen der technischen Forschung und der Bildung dokumentierten. Schnell wurden die Bücher zu wichtigen Nachschlagewerken und etablierten damit die AMPAS in weiten Kreisen der Öffentlichkeit als ernstzunehmende Organisation. Auch die Veröffentlichung von Informationsbroschüren über die eigene Organisation erzielte den gewünschten Effekt, da sie von der nationalen Presse interessiert aufgenommen und verarbeitet wurden.

Durch die Zusammenarbeit und Unterstützung verschiedener Personen und Institutionen war die AMPAS auch an der Veröffentlichung weiterer Werke über die Filmindustrie beteiligt. Kritiker behaupten, dass die AMPAS ebenso wie sie bestimmte Projekte unterstützte, umgekehrt die Entstehung kritischer Werke behinderte. Aber obwohl sich auf dem Cover des Buches „Oscar Dearest - Six Decades Of Scandal, Politics And Greed Behind Hollywood´s Academy Awards 1927 - 1986" von Peter H. Brown und Jim Pinkston der Hinweis „This book is neither authorized nor endorsed by the Academy Of Motion Picture Arts And Sciences" findet, beweist die Danksagung an die Mitarbeiter der AMPAS-Bibliothek, dass die AMPAS auch kritischen Autoren Zugang zu ihren umfangreichen Text- und Filmarchiven ermöglicht.

Auch bei den Publikationen kann man feststellen, dass die AMPAS immer dann am erfolgreichsten arbeitete, wenn sie auf einem abgegrenzten Gebiet kompetente Dienste anbot. Mit ihren Sachbüchern bot sie einerseits der Filmindustrie die Dienstleistung, sie mit regelmäßigen Informationen zu versorgen, andererseits leisteten diese Bücher einen positiven Beitrag für das Image der AMPAS in der Öffentlichkeit, in dem sie praktische Beispiele für ihre Aufgaben und Tätigkeiten vorstellten.

Kapitel 9: Schuster bleib bei deinen Leisten
Filme

Mit verschiedenen Filmproduktionen versuchte die AMPAS, die Aufmerksamkeit der Öffentlichkeit zu gewinnen. Die Produktionen beinhalteten Kinotrailer, Fernsehshows und Videoveröffentlichungen, die sich in erster Linie mit den Academy Awards befassten.

Den ersten Hinweis auf einen solchen Werbefilm findet man in der Autobiographie des ehemaligen AMPAS-Präsidenten Frank Capra. 1940 wurde ein 31-minütiger Film mit dem Titel „The Cavalcade Of Academy Awards" produziert, der in den Kinos für die Verleihungen der Academy Awards werben sollte. 1948 folgten zwei Kurzfilme mit dem Titel „Twenty Years Of The Academy Awards", die offiziell von der Firma RKO in den Kinoverleih übernommen wurden. Die beiden Filme enthielten Ausschnitte aus allen Produktionen, die zwischen 1927 und 1947 einen Oscar für den besten Film oder für die besten Schauspieler erhalten hatten.

Mitte der sechziger Jahre wurde in den Mitgliedermagazinen erstmals über die Funktion solcher Filme berichtet. Zur 36. Oscar Verleihung produzierte die AMPAS Kinotrailer, um damit die Zuschauerzahlen der Fernsehübertragung der Verleihungen zu erhöhen. Insgesamt sollten 2500 Kopien dieses Trailers kostenlos vertrieben werden, aber die Nachfrage bei den Kinobesitzern war so hoch, dass zusätzlich 500 Kopien erstellt und verschickt wurden. Ein Jahr später galten diese Kinotrailer als „ein Highlight der Werbemaßnahmen" für die Awards Verleihungen.

1975 produzierte die AMPAS zum ersten Mal einen Film für das Fernsehen. „The Academy Presents Oscar´s Greatest Music" wurde am 25. November 1975 national ausgestrahlt, und der einstündige Film präsentierte die musikalischen Höhepunkte der Awards Verleihungen zwischen 1956 und 1974. Zwei Jahre später vereinbarte die AMPAS mit dem Fernsehsender ABC die Produktion von mehreren „Fernseh-Specials", die das öffentliche Interesse an Spielfilmen fördern sollten. Im Laufe dieser Vereinbarungen liefen im amerikanischen Fernsehen vier Produktionen. „Oscar´s Greatest Moments" präsentierte Ausschnitte aus allen Filmen, die einen Academy Award in der Sparte „Best Picture" gewonnen hatten, „Movies Go To War" war eine Zusammenstellung von Filmen, die während des Zweiten Weltkrieges produziert worden waren, „Oscar Presents The War Movies And John Wayne" erläuterte die Stellung der Filmindustrie während des Zweiten Weltkrieges, und „Oscar´s Best Actors" präsentierte Interviews mit Schauspielern, die über die Bedeutung des Oscar-Gewinns für ihre Karriere sprachen.

Wie unterschiedlich die Filme der AMPAS eingesetzt wurden, beweist „Oscar´s First Fifty Years", der 1977 zum fünfzigsten Geburtstag der AMPAS produziert wurde. In 22 Minuten präsentierte der Film einen Überblick über alle Aktivitäten der AMPAS, unter anderem wurde das „Visiting Artists Program", die „Student Academy Awards" und das „Academy Internship Program" vorgestellt. Die komplette Version dieses Films wurde an Schulen, Museen und andere Institutionen vertrieben, um hierdurch die Programme der AMPAS näher vorzustellen. Für die allgemeine Öffentlichkeit hingegen wurde eine spezielle 7-minütige Kinoversion erstellt, die einzig dem Zweck diente, die Aufmerksamkeit auf die kommenden Awards Verleihungen zu richten und damit die Einschaltquoten bei der Fernsehübertragung zu erhöhen.

Zum sechzigsten Geburtstag 1987 erschien eine aktualisierte Version von „Oscar´s First Fifty Years" mit dem Titel „And The Winner Is...", die ebenfalls nur an öffentliche Institutionen vertrieben wurde.

1989 begann die AMPAS die Planung für eine dreiteilige Videoreihe, die die Geschichte der Academy Awards dokumentieren sollte. Der erste Teil sollte dabei die letzten zwanzig Jahre zusammenfassen, der zweite Teil die Jahre 1953 bis 1970 und der dritte Teil die Jahre 1927 bis 1952. 1991 vergab die AMPAS an die Firma Columbia TriStar Home Video die Rechte an dem Verleih des ersten Teils der Trilogie, der unter dem Titel „Oscar´s Greatest Moments" fertig gestellt wurde. Die Einnahmen aus diesem Vertrag sollten für die Fertigstellung ihres neuen Bibliothek- und Archivgebäudes verwendet werden. Da die finanziellen Einnahmen des ersten Videos jedoch nicht die Erwartungen der AMPAS erfüllten, wurde die Produktion der weiteren Videos auf unbestimmte Zeit verschoben. Für den finanziellen Misserfolg wurden in erster Linie die hohen Kosten für die Rechte der in dem Video verwendeten Filmausschnitte verantwortlich gemacht. Als reines Public Relations Produkt wären die Videos nicht finanzierbar und ihr Erfolg zuwenig messbar.

Mit ihren Filmproduktionen verfolgte die AMPAS unterschiedliche Intentionen, die man in die Bereiche Förderung der Academy Awards, Präsentation der AMPAS und Vermarktung der Academy Awards unterteilen kann. In den ersten Bereich gehören die Kinotrailer, mit denen die breite Öffentlichkeit auf die Academy Awards aufmerksam gemacht werden sollte. Hierbei wurde in erster Linie das Ziel verfolgt, das Ansehen der Academy Awards durch ein größtmögliches öffentliches Interesse zu fördern und durch hohe Einschaltquoten bei den Fernsehübertragungen die finanzielle Basis der AMPAS abzusichern. Dass die AMPAS in der breiten Öffentlichkeit nicht an einer allgemeinen Präsentation ihrer Aufgaben und Ziele interessiert war, beweist die Erstellung verschiedener Filmversionen im Jahr 1977.

Die Präsentation der AMPAS wurde durch den Vertrieb der kompletten Version des Films „Oscar´s First Fifty Years" an Schulen, Museen und andere öffentliche Einrichtungen stark eingegrenzt. Nur die Teile der Öffentlichkeit, in denen die AMPAS mit bestimmten Programmen tätig war und in denen sie ein Interesse verfolgte, erhielten tieferen Einblick in die Arbeit der AMPAS.

Der dritte Bereich der Filmproduktionen befasste sich mit der Vermarktung der Academy Awards. Durch die Erstellung einer Awards-Dokumentation auf Video erhoffte sich die AMPAS einen finanziellen Gewinn, der für die Durchführung bestimmter Projekte benötigt wurde. Und da die Academy Awards äußerst populär sind, versprach die Vermarktung derselben einen hohen Profit. Als sich dieser jedoch nicht einstellte, wurde die geplante Fortsetzung der Videoreihe eingestellt. Das gesamte Projekt wurde einzig aus finanziellen Motiven begonnen.

Einzig die 1977 für das Fernsehen produzierte Filmreihe entspricht nicht den hier aufgestellten Bereichen. Aber auch bei diesen Produktionen unternahm die AMPAS keinen Versuch, ihre Aufgaben und Ziele einem breiten Publikum näher zu bringen. Die behandelten Themen sollten vielmehr das allgemeine Interesse an Spielfilmen erhöhen und dadurch zur Förderung der gesamten Filmindustrie beitragen. Außerdem brachten sie der AMPAS zusätzliche Einnahmen.

Kapitel 10: Wir können auch anders
Sonstige Aktivitäten der AMPAS

Neben ihren festen Programmen führt die AMPAS eine Vielzahl von weiteren Aktivitäten durch, die zum größten Teil für die Öffentlichkeit zugänglich sind. Zu diesen Aktivitäten gehören Vorträge und Seminare, der „National Film Information Service", Filmvorführungen sowie Ausstellungen. Im Folgenden wird ein Überblick über diesen Bereich der AMPAS-Arbeit gegeben.

Vorträge und Seminare

Die ersten Vorträge von AMPAS-Mitgliedern fanden bereits in den dreißiger Jahren statt. Diese Vorträge wurden in erster Linie vor gesellschaftlichen Gruppen gehalten, mit dem Ziel, „die Öffentlichkeit und die Filmindustrie näher zu bringen." Der damalige Secretary Of Public Relations, Clinton Wunder, sowie andere AMPAS-Mitglieder besuchten Gruppen wie den Federation Of Business Woman´s Club, das English Speaking Union Dinner oder die Editorial Association Of Kansas, um die AMPAS und die Filmindustrie näher vorzustellen. Innerhalb der AMPAS wurden diese Vorträge als Öffentlichkeitsarbeit verstanden. Unregelmäßig fanden in den folgenden Jahren immer wieder solche Vorträge vor bestimmten Zielgruppen statt.

1968 führte die AMPAS erstmals eine öffentliche Vortragsreihe unter dem Titel „Directors Choice Serie" durch. Wöchentlich stellten bekannte Regisseure ihre Filme vor, und anschließend bestand die Möglichkeit, Fragen an die Künstler zu stellen. Ursprünglich konzipiert, um ein Forum für Filmstudenten und professionelle Mitarbeiter der Filmindustrie zu schaffen, wurde die Reihe auch von der interessierten Öffentlichkeit besucht. Unter anderem stellten so berühmte Regisseure wie Alfred Hitchcock, Francis Ford Coppola und Frank Capra ihre Filme vor. Aufgrund des großen Erfolges fand 1969 eine Fortsetzung der „Directors Choice Serie" statt, und 1970 wurde unter dem Titel „Fade In Fade Out" eine ähnliche Veranstaltungsreihe mit Filmautoren durchgeführt.

Zwischen 1974 und 1994 richtete die AMPAS fünf feste Vortragsreihen ein, „um das Verständnis von Filmproduktionen und ihrer Herstellung zu fördern." Jede Reihe widmet sich thematisch einem bestimmten Gebiet der Filmproduktion, und führende Fachleute aus den unterschiedlichsten Bereichen vermitteln durch Vorträge, Filmausschnitte und Diskussionen unterhaltsame und sehr persönliche Eindrücke der Filmkunst. Die Vorträge sind öffentlich und werden in der Regel jährlich durchgeführt.

„Marvin Borowsky Lecture On Screenwriting"
Die älteste Vortragsreihe wurde 1974 eingeführt und stellt bedeutende Autoren vor, die über ihre Arbeit berichten. Zusätzlich zu den einzelnen Rednern werden weitere Autoren und Persönlichkeiten der Filmbranche eingeladen, um ein Forum für Diskussionen zu bilden. Im Anschluss an die Vorträge beantworten die Redner und die anderen geladenen Gäste Fragen aus dem Publikum.

„George Pal Lecture On Fantasy In Motion Pictures"
1980 wurde durch Freunde und Verehrer des verstorbenen Regisseurs George Pal die zweite feste Vortragsreihe der AMPAS eingerichtet. George Pal war der Regisseur der Filme „War Of The Worlds" und „The Time Machine", und die nach ihm benannte Reihe beschäftigt sich mit fantastischen Elementen im Film und deren Umsetzung durch Spezialeffekte. Zu den Rednern gehörten unter anderem der Autor Ray Bradbury, der

Erfinder der Muppets, Jim Henson, und der Make-Up Künstler Rick Baker. Die unterschiedlichsten Facetten des fantastischen Films werden durch Filmausschnitte, praktische Beispiele und theoretische Betrachtungen vorgestellt, und auch hier hat das Publikum die Möglichkeit, direkt mit den Künstlern zu diskutieren.

„Jack Oakie Lecture On Comedy In Film"
Der Bereich der Komödie im Film wird durch diese 1981 eingeführte Vortragsreihe abgedeckt. Jack Oakie hatte als Schauspieler in über 80 Filmkomödien mitgewirkt, und eine Spende seiner Frau führte zur Einrichtung dieser Reihe. Alle Komponenten des komischen Films von der Regie über Drehbuch bis zur schauspielerischen Leistung werden hier behandelt. Redner wie Jerry Lewis oder Billy Wilder sorgen dafür, dass neben der Vermittlung von Fakten auch die Unterhaltung nicht zu kurz kommt.

„George Stevens Lecture On Film Directing"
Zu Ehren des Produzenten und Regisseurs George Stevens wurde 1982 die vierte Vortragsreihe eingeführt. Anhand von Filmbeispielen werden die Prinzipien der Filmregie erläutert, wobei die eingeladenen Redner nicht nur ihr eigenes Werk vorstellen, sondern auch Filme anderer Regisseure kritisch beurteilen. Hierbei stehen aktuelle Filme im Vordergrund. Die Vortragsreihe soll professionellen Künstlern und der interessierten Öffentlichkeit die Möglichkeit bieten, über die Entwicklung von Kunst und Technik der Filmregie zu diskutieren.

„Marc F. Davis Lecture On Animation"
Die fünfte regelmäßige Vortragsreihe fand zum ersten Mal am 27. Januar 1994 statt und soll zukünftig alle Aspekte der Animation im Film behandeln. Dabei sollen sowohl etablierte

Künstler aus diesem Bereich als auch Regisseure, Autoren, Produzenten und Historiker zu Wort kommen. Der erste Vortrag wurde vom Namensgeber und Disney-Mitarbeiter Marc F. Davis gehalten.

Neben den fünf jährlichen Vortragsreihen bietet die AMPAS seit 1980 in loser Folge öffentliche Vorträge und Seminare zu bestimmten Aspekten der Filmproduktion an. Bis 1993 fanden unter anderem Veranstaltungen über „Production Design", „Music", „Acting", „Editing", „Cinematography" und „Costume Design" statt. Die Vorträge und Seminare werden von AMPAS-Mitgliedern gehalten und bieten Einblick in die Arbeitsweise der verschiedenen Berufsgruppen. Die Auflistung von allein 23 durchgeführten Vorträgen und Seminaren im <u>Annual Report 1980 - 1981</u> unterstreicht den Umfang des Angebots der AMPAS in diesem Bereich.

Durch Vorträge und Seminare ermöglicht die AMPAS den Kontakt zwischen professionellen Filmkünstlern und der Öffentlichkeit. Die persönlichen Erfahrungen der Redner und die Vermittlung von Techniken bieten einen Einblick in die Filmproduktion, der in seiner Art einmalig ist. Obwohl die Veranstaltungen öffentlich zugänglich sind, muss man allerdings bedenken, dass sie sich durch Konzeption und Inhalt nur an einen kleinen Kreis von Filminteressierten richten. Außer in den dreißiger Jahren, in denen Vorträge vor gesellschaftlichen Gruppen das Misstrauen in die Filmindustrie mindern sollten, wurde in den Vorträgen und Seminaren zu keiner Zeit näher auf die allgemeine Arbeit der AMPAS eingegangen. Insgesamt kann man die Vorträge und Seminare als erfolgreiche Vermittlung zwischen der Öffentlichkeit und der Filmindustrie verstehen, die allerdings auf einen Teil der Öffentlichkeit begrenzt ist.

Der National Film Information Service

Der „National Film Information Service" wurde 1973 von der AMPAS eingerichtet, um ihre umfangreichen Text-, Film- und Fotoarchive für die Öffentlichkeit weiträumig verfügbar zu machen. Die Aufgabe des „Service" besteht darin, schriftlichen oder telefonischen Anfragen über filmbezogene Themen nachzugehen und diese in enger Zusammenarbeit mit der AMPAS-Bibliothek zu beantworten. Über den „National Film Information Service" ist es möglich, Kopien von seltenen Büchern oder Fotos zu bestellen, sich bei der Zusammenstellung von Filmreihen unterstützen zu lassen oder konkrete Hilfe bei filmbezogenen Forschungen zu bekommen. Die gesamte Arbeit des „National Film Information Service" ist dabei kostenlos, einzig für die Kopien von Text- und Fotomaterial wird eine Gebühr erhoben. Genutzt wird der „Service" von Studenten, Wissenschaftlern, Historikern, Lehrern und anderen filminteressierten Personen.

Durch den „National Film Information Service" erhofft die AMPAS, Kontakt zu filminteressierten Gruppen aufzubauen, und einen Dialog über das Medium Film einzurichten. Darüber hinaus dient der „Service" als zentrale Anlaufstelle für ansonsten eher isoliert durchgeführte Forschungsprojekte. Generell soll der „National Film Information Service" ein Forum für alle Filminteressierten bieten und durch neue Kontakte die Möglichkeiten für Kooperationen und Hilfen erweitern. Viele der gestellten Fragen führten außerdem dazu, dass Lücken in den Beständen der AMPAS-Bibliothek erkannt und gefüllt werden konnten.

Obwohl der „Service", wie sein Name deutlich macht, ursprünglich nur national arbeiten sollte, ist er mittlerweile weltweit verfügbar. Den Erfolg dieser Dienstleistung bestätigen folgende Zahlen: 1977 wurden durchschnittlich 200 Anfragen pro Monat beantwortet, 1991 betrug allein die Zahl der telefonischen Anfragen schon 29.000.

Filmvorführungen

In ihrem Kino veranstaltet die AMPAS öffentliche Filmvorführungen, die speziell zusammengestellte Programme, thematische Reihen oder seltene Filme beinhalten. In unregelmäßigen Abständen präsentiert die AMPAS Retrospektiven bestimmter Künstler, bei denen neben den Filmen auch Filmplakate, Fotos und andere Raritäten aus dem Werk des jeweiligen Künstlers gezeigt werden. Die Reihen „Treasures From The Academy Archive" und „Classics Revisited" stellen seltene Filme aus den AMPAS-Archiven vor oder präsentieren besonders gute Kopien alter Filme. Filmreihen, wie zum Beispiel über „Spezialeffekte" oder „Die Geschichte des Tonfilms", die sich mit verschiedenen Bereichen der Filmproduktion auseinandersetzen, ergänzen das Programm. Oft werden die Vorführungen von kleinen Vorträgen, Ausstellungen oder anschließenden Diskussionen begleitet.

Mit ihren Filmvorführungen bietet die AMPAS ein lehrreiches und anspruchsvolles Filmprogramm für die Öffentlichkeit. Die Bestände ihrer Filmarchive ermöglichen die Vorführung sehr seltener Filme oder auch besonders guter Kopien alter Filme. Das Filmprogramm wird wie die Programme anderer Kinos offiziell angekündigt und regelmäßig gut besucht. Da sich das Kino der AMPAS in Hollywood befindet und die Programme ein gewisses Interesse an dem Medium Film voraussetzen, richten sich die Filmvorführungen nur an einen geringen Teil der Öffentlichkeit.

Ausstellungen

Aus den Beständen ihrer Bibliothek und Film-Archive stellte die AMPAS unregelmäßig verschiedene Ausstellungen zusammen, die bestimmte Bereiche der Filmproduktion behandelten. Außerdem organisierte sie Präsentationen von Arbeiten aus den Filmstudios.

Die erste dokumentierte Ausstellung der AMPAS fand im Jahr 1941 statt und widmete sich der Arbeit der Filmstudiophotographen. Mit dem Ziel, die kaum bekannte Arbeit dieser Berufsgruppe vorzustellen, wurde die „First Annual Hollywood Still Photography Exhibition" durchgeführt. Filmstudiophotographen erstellen während der Produktion eines Spielfilms Szenenfotos, die in erster Linie zu Werbezwecken eingesetzt werden. Die Fotos dokumentieren außerdem die Arbeitsbedingungen und bieten dadurch einen Einblick in die Filmproduktion. Diese erste Ausstellung wurde zu einem großen Erfolg und wurde im Anschluss im New Yorker Museum Of Modern Art durchgeführt und an Galerien, Bibliotheken und Universitäten in den USA verliehen. Die „Hollywood Still Photography Exhibition" wurde anschließend jährlich durchgeführt und zum Teil auch im Ausland ausgestellt. In den internen Publikationen der AMPAS finden sich in der Folgezeit immer wieder Hinweise auf Ausstellungen. 1950 besuchten über 12.000 Personen eine Ausstellung der Kostümdesigner, 1976 konnte die von der AMPAS zusammengestellte Ausstellung „A Tribute To Mary Pickford" zum Preis von 25 Dollar national gebucht werden, und 1978 fanden im Rahmen der Feierlichkeiten zum fünfzigsten Geburtstag der AMPAS die Ausstellungen „Art And History Of Cinematography", „The Coming Of Sound" und „The First Fifty Years" statt.

Heute werden die Ausstellungen der AMPAS in der Galerie ihres Sitzes in Beverly Hills durchgeführt. Der Eintritt zu diesen Ausstellungen ist frei und für jeden zugänglich. Im August 1993 fand zum Beispiel die Ausstellung „George Méliès, Filmmaker And Magician" statt, in der rare Photographien, technische Geräte aus den Anfangstagen der Filmkunst und restaurierte Filme des französischen Filmpioniers vorgestellt wurden.

Die Ausstellungen der AMPAS richten sich an filminteressierte Personen und verfolgen kein finanzielles Interesse. Mit ihrem Fachwissen und den Beständen ihrer Text- und Filmarchive ist die AMPAS in der Lage, kompetente und sehenswerte Ausstellungen zusammenzustellen, und diese Möglichkeit wird genutzt und national zur Verfügung gestellt.

Das Media Literacy Program

Zweimal pro Jahr besuchen ungefähr 800 Schüler aus dem District Los Angeles die Academy um am Media Literacy Programm teilzunehmen. Die dreitägigen Veranstaltungen beinhalten Gruppendiskussionen, Analyse von Filmclips, eine Filmvorführung und den Besuch von Filmemachern. Das Pogramm, welches gemeinsam mit dem Los Angeles Educational Partnership's Humanitas durchgeführt wird, soll den Schülern helfen Medienaussagen zu verstehen und zu hinterfragen, ihre analytischen Fähigkeiten zu verbessern und einen kritischen Umgang mit dem Medium Film zu fördern.

Mit ihren sonstigen Aktivitäten bietet die AMPAS verschiedene Dienstleistungen für die filminteressierte Öffentlichkeit an. Durch Vorträge und Seminare ermöglicht sie den Kontakt zu professionellen Filmkünstlern und einen Einblick in die komplexen Abläufe der Filmproduktion. Der "National

Film Information Service" bietet Hilfe und Beratung für alle filmrelevanten Fragen, und spezielle Filmvorführungen und Ausstellungen ermöglichen einen tieferen Einblick in das Medium Film. Die vorgestellten Aktivitäten sind die einzigen Programme der AMPAS, die öffentlich durchgeführt werden. Sie richten sich insbesondere an Personen, die sich mit dem Medium Film auseinandersetzen und erreichen dadurch nicht die große Öffentlichkeit. Der Teil der Öffentlichkeit, der sich durch die angebotenen Projekte angesprochen fühlt, kann allerdings von den kompetenten und zum größten Teil kostenlosen Diensten der AMPAS profitieren.

Um eine nähere Bindung zu diesem Teil der Öffentlichkeit aufzubauen, bietet die AMPAS einen Informationsdienst an. Gegen eine Gebühr von 5 Dollar kann sich jeder, der Interesse an dem öffentlichen Programm der AMPAS hat, in die "Academy Foundation Mailing List" aufnehmen lassen und wird daraufhin regelmäßig mit einem Programm über die AMPAS-Aktivitäten versorgt.

Kapitel 11: There is no place like home
Feste Einrichtungen

Neben den bisher aufgeführten Aktivitäten der AMPAS bietet die Organisation in festen Einrichtungen weitere Dienste für die Filmindustrie und die Öffentlichkeit an. Zu diesen schon früh eingeführten Einrichtungen gehören ein Kino, eine Bibliothek sowie ein Filmarchiv.

Das Academy Award Theatre

1946 übernahm die AMPAS von der Firma Fox West Coast das Marquis Theatre an der Melrose Avenue. In dem Gebäude befand sich ein Kino mit 900 Sitzplätzen, das die AMPAS renovierte und als Academy Award Theatre wieder eröffnete. In dem Kino wurden Filmvorführungen für die Mitglieder und die Öffentlichkeit durchgeführt, und darüber hinaus konnte es von Filmstudios für Presse- oder Testvorführungen gemietet werden. Bei der Renovierung sorgte die AMPAS dafür, dass das Kino auf den neusten Stand der Technik gebracht wurde und sämtliche Projektionstechniken vorhanden waren.

Um das Kino auf eine feste finanzielle Basis zu stellen, schloss die AMPAS mit verschiedenen Filmstudios 1947 einen Vertrag, in dem die Studios garantierten, das Kino für 140 Tage pro Jahr zu buchen. Der Samstag wurde allerdings ausschließlich für Mitglieder-Filmvorführungen reserviert, bei denen ausländische, rare oder klassische Filme gezeigt wurden.

Dank seiner hervorragenden technischen Ausstattung galt das Academy Award Theatre schon bald als eines der besten Kinos in Hollywood. „Neue Filme werden unter idealen Ton- und Bild-Bedingungen projiziert und alle Studios, die dieses Kino benutzt haben, waren sich einig in ihrem Lob dieses Service der Academy." In der Folgezeit war die AMPAS darauf bedacht, die Einrichtung des Kinos immer auf dem neusten Stand der technischen Entwicklung zu halten. Besonders die Filmstudios nutzten das Kino, um ihre neuen Produktionen unter den bestmöglichen Bedingungen zu testen. Neben den Studios begannen auch Gewerkschaften, Filmverbände und andere Organisationen, das Academy Award Theatre für Messen und Filmvorführungen zu nutzen. Trotz der hohen Auslastung des Kinos durch die Vermietung fanden jedoch regelmäßig Filmvorführungen für die AMPAS-Mitglieder und die Öffentlichkeit statt. 1959 verkündete die AMPAS stolz, dass das Academy Award Theatre zu den technisch bestausgerüsteten Kinos der Welt gehört.

1975 bezog die AMPAS ihren neugebauten Sitz am Wilshire Boulevard. Im ersten Stock des Gebäudes hatte die AMPAS ein Kino mit über 1000 Sitzen eingerichtet, das unter dem Namen „Samuel Goldwyn Theater" die Aufgabe des Academy Award Theatre übernahm. Dank der einzigartigen technischen Ausstattung erreichte das Kino bald eine Nutzungsrate von 94 Prozent, die nach wie vor durch die Vermietung an Filmstudios, Filmverbände und andere Organisationen und durch eigene Filmvorführungen erreicht wurde. 1968 beschrieb Robert Osborne das Samuel Goldwyn Theater mit den Worten „es erreicht oder übertrifft jeden weltweiten Standard", und durch ständige Renovierungen sorgte die AMPAS dafür, dass dieser erstklassige Zustand gehalten wurde.

1978 betrug die Miete für einen Tag schon 800 Dollar, und das Kino wurde zu einer einträglichen Einnahmequelle für die AMPAS.

Mit dem Academy Award Theatre und dem Samuel Goldwyn Theater konnte die AMPAS einen breiten Service für die unterschiedlichsten Zielgruppen anbieten. Filmstudios erhielten die Möglichkeit, ihre Produktionen unter den besten technischen Bedingungen zu testen, Filmverbände, Gewerkschaften und andere Organisationen konnten über ein hervorragend ausgestattetes Messe- und Vorführungszentrum verfügen, und den Mitgliedern der AMPAS konnten spezielle Filmprogramme und die Präsentation der nominierten Academy Award Filme angeboten werden. Außerdem veranstaltete die AMPAS in ihrem Kino Filmvorführungen, die der Öffentlichkeit ein außergewöhnliches und hochwertiges Programm offerierten. Die ausgesprochen hohe Nutzungsrate der Kinos unterstreicht die große Nachfrage nach diesem Service. Die außergewöhnliche Qualität der Kinos festigte die Stellung der AMPAS als herausragende Organisationen und verhalf ihr außerdem zu zusätzlichen Einnahmen.

Bibliothek und Filmarchiv

Schon früh begann die AMPAS, Text- und Filmmaterialien zu sammeln und damit den Grundstock für eine Bibliothek und ein Filmarchiv zu legen. Die Bibliothek trägt zu Ehren der ehemaligen Bibliothekarin und späteren Executive Director den Namen Margaret Herrick Library, das 1946 begonnene Filmarchiv heißt Academy Film Archive. 1991 wurden die Bibliothek und das Filmarchiv im Center For Motion Picture Study vereint. Im Jahr 2002 wurde das Filmarchiv in das neue Pickford Center for Motion Picture in Holywood verlegt und das ehemalige Center For Motion Picture Study in Beverly Hills in Fairbanks Center for Motion Picture Study umbenannt.

Das Fairbanks Center for Motion Picture Study (Margaret Herrick Library)

1927 begann die AMPAS, mit der Sammlung von Filmperiodika den Grundstock für eine zukünftige Bibliothek anzulegen. Vier Jahre später wurde die Research Library, die später in Margaret Herrick Library umbenannt wurde, gegründet. "Gewidmet der Geschichte und der Entwicklung des Films als Kunstform und Industrie," sollte sie die umfassendste Sammlung von filmbezogenen Texten aller Art werden. Bis 1991 war die Bibliothek in den jeweiligen Bürogebäuden der AMPAS ansässig.

Schon 1949 verkündete der Jahresbericht der AMPAS, dass die Bibliothek als die größte ihrer Art gilt und Anfragen aus der ganzen Welt bearbeitet. Durch die Zusammenarbeit mit der Bibliothek der British Film Academy konnten die Bestände an englischsprachigen Büchern erheblich erweitert werden. Sie wird von AMPAS-Mitgliedern, Filmstudios, Bildungseinrichtungen und der Öffentlichkeit genutzt.

Zum Bestand der Margaret Herrick Library gehören Bücher, Periodika, Artikel-Sammlungen, Photographien, Drehbücher und spezielle Sammlungen zu bestimmten Themen. Die Bibliothek ist bemüht, sämtliche Filmbücher in englischer Sprache zu erwerben und verfügt derzeit über mehr als 18.000 Werke. Unter ihnen befinden sich sowohl Erstausgaben und besonders rare Exemplare als auch wichtige fremdsprachige und übergreifende Werke aus den Bereichen Fernsehen und Theater. Die Periodika umfassen weltweite Ausgaben aus dem gesamten 20. Jahrhundert sowie ansonsten unzugängliche, interne Studio-Magazine. In den Artikel-Sammlungen finden sich nach bestimmten Themen geordnete Zeitungs- und Magazinausschnitte. Die Sammlung enthält Artikel zu

82.000 Filmen, 73.000 Einzelpersonen und mehr als 4000 filmbezogenen Themen. Über 5 Millionen Photographien dokumentieren Filmszenen, Produktionsbedingungen, Arbeitsweisen und Techniken aus der Geschichte der Filmindustrie. Die Sammlung wurde zum größten Teil durch Spenden von Filmstudios und Einzelpersonen ermöglicht. Unter den über 5000 Drehbüchern befinden sich Exemplare von 1916 bis 1994, die zum Teil noch mit Original-Anmerkungen der beteiligten Künstler versehen sind. Die Spezial-Sammlungen wurden aus Spenden zusammengestellt und enthalten einzigartige Dokumente, persönliche Briefe und Photographien des jeweiligen Spenders.

Der Bestand der Margaret Herrick Library gilt weltweit als einmalig. Die Bibliothek ist öffentlich zugänglich und wird durchschnittlich von 20.000 Personen pro Jahr genutzt. Darüber hinaus unterstützte sie allein im Jahr 1991 den "National Film Information Service" bei der Beantwortung von 29.000 telefonischen Anfragen. Es ist möglich, in der Bibliothek sowohl Text- als auch Fotomaterial in begrenzter Anzahl zu fotokopieren. Um ihre Bestände zu erweitern, ist in der Nutzungsordnung der Bibliothek festgelegt, dass sie von jedem Buch, das durch die Hilfe des Bestandes publiziert wird, ein Exemplar erhält.

Mit der Margaret Herrick Library bietet die AMPAS eine weltweit einzigartige Bibliothek über das Medium Film. Die kontinuierliche Erweiterung der Bestände seit 1931 und die Archivierung von seltenen Dokumenten und Photographien von Studios und Künstlern machen sie für Wissenschaftler, Studenten, Mitarbeiter der Filmindustrie und die Öffentlichkeit zu einer unschätzbaren Quelle für alle Bereiche des Films.

Das Pickford Center for Motion Picture
(Academy Film Archive)

Mit dem Entschluss, alle Filme zu sammeln, die einen Academy Award gewonnen hatten, begann die AMPAS 1946, ein Filmarchiv aufzubauen. Ziel sollte es sein, alte Filme für Forschungen und Untersuchungen verfügbar zu machen.

Spenden vieler Filmstudios sorgten für ein schnelles Wachstum des Bestandes, und 1959 enthielt das Filmarchiv bereits 2000 Titel. Unter ihnen befand sich die "Academy War Film Library" mit über 400 Dokumentarfilmen aus dem Zweiten Weltkrieg, sowie die fertig gestellten Filme des "Paper Print Projects", die die frühen Filmproduktionen der Jahre 1894 bis 1912 enthielten.

Das Academy Film Archive wurde ebenso wie die Bibliothek bis 1991 in den jeweiligen Bürogebäuden der AMPAS geführt. Die Hauptaufgabe bestand in der Instandhaltung und Pflege der Bestände, und erklärtes Ziel war es, die vorhandenen Filme so weit wie möglich öffentlich verfügbar zu machen. Aus Platzmangel bereitete dieser Punkt allerdings immer Probleme. Als das Academy Film Archive 1991 in das Center For Motion Picture Study umzog, umfasste es schon 12.000 Filme. Im Jahr 2002 zog das Film Archiv aufgrund der immer umfassenderen Sammlung ins neue Pickford Center for Motion Picture. Ausser dem Film Archiv beherbt das Center auch ein Kino mit 286 Plätzen in dem Filme des Archivs vorgeführt werden (Dunn Theater) sowie Büros des Science and Technology Council und des Grants and Nicholl Fellowship Programms.

Das Academy Film Archive ist eines der größten Filmarchive der USA. Mit den Filmen des "Paper Print Project" aus den Jahren 1894 bis 1912 ermöglichte es erstmals die Präsentation der frühen amerikanischen Filmgeschichte, und auch andere rare Filme waren in restaurierter Form vorhanden. Aus den Beständen des Filmarchivs stellte die AMPAS öffentliche Filmvorführungen zusammen, die sehr seltene Filme und qualitativ hochwertige Kopien klassischer Filme öffentlich zugänglich machten. Darüber hinaus konnte das Archiv für Forschungszwecke genutzt werden.

Die Center For Motion Picture Study

Mit den beiden Center For Motion Picture Study hat die AMPAS einmalige Forschungszentren über das Medium Film eingerichtet. Die umfassenden Bibliotheks-Bestände und die teilweise einzigartigen Exponate des Filmarchivs machen die Zentren zur bedeutendsten Quelle für das Studium der Filmgeschichte. Seit der Gründung der Bibliothek und des Filmarchivs hat die AMPAS beide Einrichtungen durch eigene Mittel, bzw. durch die Sammlung von Spenden finanziert. Trotzdem ist die Nutzung der Center For Motion Picture Study kostenlos, einzig die Fotokopien von Text- und Bildmaterialien sind kostenpflichtig. Die Forschungszentren sind sowohl für die Filmindustrie als auch für Wissenschaftler, Studenten und die Öffentlichkeit als Archiv über die Geschichte des Mediums von unschätzbarem Wert. Durch die Margaret Herrick Library, das Academy Film Archive und schließlich die beiden Center For Motion Picture Study hat die AMPAS ihre Bedeutung für die Filmindustrie nachhaltig unterstrichen und sich in der Öffentlichkeit als herausragende Organisation bewährt.

Kapitel 12: Preise die die Welt bewegen
Die Academy Awards

Wie im ersten Kapitel schon einleitend festgestellt, spielte die Verleihung von Filmpreisen bei der Gründung der AMPAS nur eine untergeordnete Rolle. Im Lauf der Zeit entwickelten sich die Awards Of Merit For Distinguished Achievements jedoch zum bedeutendsten Filmpreis der Welt. Unter dem Namen „Academy Award" oder „Oscar" sind die Filmpreise heute die bekannteste und medienwirksamste Aktivität der AMPAS. Oft wird sie deshalb einzig im Zusammenhang mit den Academy Awards genannt, während die weiteren Aufgaben und Ziele der Organisation weiten Kreisen der Öffentlichkeit unbekannt sind.

Das Ziel der Academy Awards sollte darin bestehen, durch die Förderung herausragender Filmproduktionen den allgemeinen Qualitätsstandard der Filmkunst zu erhöhen. Außerdem sollte die Aufmerksamkeit der Öffentlichkeit auf die positiven Aspekte des Mediums Film gelenkt werden. Zwischen 1928 und heute änderten sich die Zahl der verliehenen Preise und das Wahlverfahren mehrmals, die ursprüngliche Zielsetzung wurde aber immer beibehalten.

Wie sehr die Bedeutung der Academy Awards in der Geschichte der AMPAS zunahm, wird durch die unterschiedlichen Beschreibungen in den einzelnen Jahren deutlich. 1934 begannen die Academy Awards, auch außerhalb der Filmindustrie an Bedeutung zu gewinnen, aber in erster Linie galten sie immer noch als reiner Hollywood-Preis. Die AMPAS stellte 1991 fest, dass die Awards zwischen 1928 und 1956 von einem obskuren Preis zum bekanntesten Filmpreis der Welt wurden, und 1971 bezeichnete sie Frank Capra als „der bestbeworbene Event der Welt". Aus einem 1978 erschienenen Artikel stammt folgende Beschreibung:

„...die Verleihung wird von vielen Millionen Zuschauer in so ziemlicher jeder Ecke der Welt gesehen, in der Elektrizität vorhanden ist, und es wird in allen wichtigen Sprachen über sie berichtet und geschrieben. Für eine kurze Zeit wird es unmöglich werden, Oscar zu entkommen."

Trotz der wachsenden Bedeutung der Academy Awards wurde allerdings schon früh Kritik an den Preisverleihungen geäußert. 1948 schrieb der Autor Raymond Chandler:

„Die Verleihungen werden beworben, gepusht, beschrien und in jeder möglichen Form so intensiv ins Bewusstsein der Wähler gebracht, dass alles außer der goldenen Aura der Kasseneinnahmen vergessen wird. Diese goldenen Statuen zeugen vom fanatischen Wunsch der Filmindustrie sich selbst auf den Nacken zu küssen."

1977 veröffentlichte Roy Pickard in seinem Buch „The Oscar Movies From A-Z" folgende Beschreibung:

„Es ist ein lautes, glitzerndes, vulgäres und aufregendes Ereignis. Die Oscars machen immer die Titelseiten der Welt, egal wer gewinnt."

Offensichtlich bleibt die Tatsache, dass die Preisverleihung bei weitem die Erwartungen der Gründer der AMPAS übertroffen haben und heute auf weltweites Interesse stoßen. Im Folgenden werden die Academy Awards und ihre Entwicklung seit den ersten Verleihungen im Jahr 1929 näher betrachtet.

Die Auszeichnungen der AMPAS

Die Academy Awards werden in Form einer vergoldeten, 34 Zentimeter großen und 3 Kilogramm schweren Statuette, die den Spitznamen „Oscar" trägt, vergeben. Die Statuette zeigt einen Ritter, der auf einer Filmrolle steht, deren fünf Speichen die ursprünglichen fünf „branches" der AMPAS symbolisieren.

Die Zahl der vergebenen Academy Awards variierte zwischen sieben bei der zweiten Verleihung 1930 und einem Höchstwert von 34 im Jahr 1952. Immer wieder wurde die wachsende Komplexität der Filmindustrie durch die Einführung neuer Kategorien reflektiert. So wurden zum Beispiel im Jahr 1931 erstmals Academy Awards für wissenschaftliche und technische Leistungen vergeben, 1936 Awards für die besten Nebenrollen eingeführt, 1941 die Kategorie für Dokumentarfilme und 1947 ein Preis für fremdsprachige Filme eingerichtet. 1981 wurden mit „Make Up" und „Sound Effect Editing" zwei weitere feste Academy Awards Kategorien hinzugefügt.

In den ersten Jahren der Verleihungen waren zeitweise Gewerkschaften und Filmverbände an der Wahl der Academy Awards beteiligt, aber seit 1957 wird sie ausschließlich von den AMPAS-Mitgliedern durchgeführt. Das Wahlverfahren für die Filme eines Jahres beginnt im Januar des darauffolgenden Jahres mit der Versendung der Nominierungslisten an die AMPAS-Mitglieder. Jedes Mitglied einer Berufsgruppe nominiert dabei fünf Filme für die Kategorie, in der es selber tätig ist. Eine Ausnahme bildet die Kategorie „Best Picture", bei deren Nominierung alle Mitglieder beteiligt sind. Nachdem das Ergebnis der Nominierungen feststeht, wählen alle AMPAS-Mitglieder in geheimer Wahl die Sieger für alle Kategorien. Für den korrekten Ablauf der Wahlen ist die Anwaltskanzlei Price

Waterhouse & Co. zuständig, die von der Nominierung bis zur Bekanntgabe der Gewinner alle Abläufe überwacht.

Neben den Academy Awards verleiht die AMPAS weitere Preise, die unregelmäßig vom Board Of Govenors an geeignete Kandidaten vergeben werden können. 1934 wurde der „Honorary Award" eingeführt, um das Lebenswerk einzelner Filmkünstler zu ehren. Die Form dieses Preises variiert. Walt Disney erhielt zum Beispiel als Erinnerung an den Film „Snowwhite And The Seven Dwarfs" acht Oscars - einen großen und sieben kleine. Empfänger des „Honorary Award" werden automatisch zu Ehrenmitgliedern der AMPAS. Seit 1938 verleiht der Board Of Govenors den „Irving Thalberg Memorial Award" in Form einer soliden Bronzebüste an Produzenten, die über einen langen Zeitraum hervorragende Filme produziert haben. Weitere Sonderpreise sind der 1957 eingeführte „Jean Hersholt Humanitarian Award" für besondere humanitäre Leistungen, der „Gordon E. Sawyer Award" für lebenslange technische Leistungen seit 1981 und abgestufte Preise für wissenschaftliche und technische Leistungen, die „Scientific Or Technical Awards Class II / Class III", die zusätzlich zu den Academy Awards für den technischen Bereich vergeben werden.

Die Geschichte der Verleihungen

1. Verleihung 1929
Die erste Verleihung der Academy Awards findet in Form eines Banketts am 16. Mai 1929 im Hollywood Roosevelt Hotel statt. Die Gewinner waren schon drei Monate vor der Zeremonie bekanntgegeben worden. Über die Vergabe des noch unbekannten Preises findet keine Berichterstattung statt, und die AMPAS unternimmt keine Werbemaßnahmen, da für sie die Preisvergabe nur einen untergeordneten Stellenwert besitzt.

2. Verleihung 1930

Erstmals werden die Gewinner bis zur Verleihung geheim gehalten. Die letzte Stunde des Programms wird von dem lokalen Radiosender KNX live übertragen.

3. Verleihung 1931

Die wachsende Bedeutung der Academy Awards wird durch die Anwesenheit des Vizepräsidenten der USA, Charles Curtis, deutlich. Bei der Verleihung überbringt er Grüße des Präsidenten Hoover. Um ein größeres Publikum für die Verleihung zu gewinnen, verschickte ein spezielles AMPAS-Komitee Einladungen an Schauspieler und Mitarbeiter der Filmindustrie.

8. Verleihung 1936

Da trotz der Geheimhaltung immer wieder schon vor der Verleihung Gerüchte über die Gewinner der Academy Awards bekannt wurden, beauftragt die AMPAS die Anwaltskanzlei Price Waterhouse & Co. mit der korrekten Durchführung der Wahlen. Sie soll gewährleisten, dass die Gewinner bis zur Verleihung geheim bleiben. Den Zeitungen werden die Gewinner schon vor der Verleihung bekannt gegeben mit der Auflage, sie frühestens nach Beginn der Verleihungen zu veröffentlichen.

10. Verleihung 1938

Die Verleihung wird um eine Woche verschoben, da verheerende Regenfälle sämtlichen Verkehr in Los Angeles unmöglich machen.

12. Verleihung 1940

Eine Zeitung verstößt gegen die Geheimhaltung der Awards-Gewinner und verlegt ihre Nachtausgabe von 23 Uhr auf 20:45 Uhr. So kann sie schon vor Beginn der Verleihungen die Namen der zu ehrenden Künstler nennen. Seit diesem Jahr erhalten auch die Zeitungen vorab keine Informationen mehr, die Gewinner bleiben bis zur tatsächlichen Verleihung geheim.

13. Verleihung 1941
Das Prinzip der versiegelten Briefumschläge wird eingeführt. Die Mitarbeiter der Kanzlei Price Waterhouse & Co. fertigen nach der Auszählung der Wahlen Briefumschläge an, die den Namen des jeweiligen Gewinners enthalten. Erst bei der Verleihung dürfen diese Briefumschläge geöffnet werden.

16. Verleihung 1944
Aufgrund des Zweiten Weltkrieges wird das Bankett nur in einer reduzierten Form durchgeführt. Die AMPAS nennt als Grund dafür Rücksicht gegenüber der allgemeinen Situation, kritische Stimmen behaupten, dass es der AMPAS nicht möglich war, eine ausreichende Menge von Lebensmitteln zu besorgen. Zwischen 1941 und 1944 wurden wegen der Rohstoffrationierung Ersatz-Oscars aus Gips verliehen. Ein Austausch der Ersatz-Statuetten gegen „echte" erfolgte 1946.

17. Verleihung 1945
Zum ersten Mal wird die Awards Verleihung durch die Sender ABC und Armed Forces Radio Service national im Radio übertragen. Die Filmstudios beteiligen sich an der Finanzierung der kostspieligen Radio-Übertragung.

18. Verleihung 1946
Das Department Of State überträgt Aufzeichnungen der 18. Verleihung über ihr internationales Radionetz in alle Teile der Welt.

21. Verleihung 1949

Die Filmstudios beenden die finanzielle Unterstützung der Awards Verleihungen. Einige Quellen geben als Grund dafür den Gewinn des „Best Picture Award" durch den englischen Film „Hamlet" an. An anderer Stelle wird behauptet, dass das Ende der Unterstützung schon vor Verleihung der Awards feststand. Der finanzielle Fortbestand der Awards Verleihungen wird durch den Verkauf der Übertragungsrechte an das neue Medium Fernsehen garantiert. Die weltweite Radioübertragung der Verleihung erreicht 1949 100 Millionen Hörer.

25. Verleihung 1953

Die Awards Verleihungen werden zum ersten Mal von dem Fernsehsender NBC übertragen. Aufgrund des großen Publikums wird bei der Verleihung auf die vorher üblichen Hollywood-Interna verzichtet, und sie verliert ihren privaten Charakter. Zwischen 1953 und 1957 wird zeitgleich eine zweite Verleihung in New York durchgeführt, und mittels einer Konferenzschaltung kann in beiden Veranstaltungsorten die gesamte Verleihung verfolgt werden. Obwohl die Einführung des Fernsehens zu großen Einbußen bei der Filmindustrie führte, bedeutete das neue Massenmedium die finanzielle Rettung der AMPAS. Während die Besucherzahlen in den Kinos ständig abnahmen, erreichten die Übertragungen der Awards Verleihungen die höchsten Einschaltquoten in der noch jungen Fernsehgeschichte. Die AMPAS hoffte, dass die Fernsehübertragungen das Interesse an Filmen in der Öffentlichkeit stimulieren würde.

30. Verleihung 1958

Für das Programm der 30. Academy Award Verleihung erhält die AMPAS eine Auszeichnung der American PR Association. Geehrt wird „die herausragende Public Relation, Pressearbeit und Organisation" der Verleihung.

31. Verleihung 1959

Erstmals veranstaltet die AMPAS eine große Werbeaktion mit Kinotrailern, Postern, Informationsmappen und speziellen Zeitungsberichten, um die Zuschauerzahlen der Verleihungen zu erhöhen. 1961 wird zum selben Zweck eine Coupon-Kampagne in 22 Millionen Haushalten der USA durchgeführt, bei der die Zuschauer Tipps über die kommenden Gewinner abgeben können.

38. Verleihung 1966

Zum ersten Mal wird die Verleihung in Farbe ausgestrahlt und insgesamt von 62 Millionen Zuschauern gesehen. Vorab hatte die AMPAS 3500 Kopien eines Werbetrailers an nationale Kinos vertrieben, um dadurch die Einschaltquoten der Fernsehübertragung zu erhöhen.

39. Verleihung 1967

Ein Streik der Fernsehtechniker verhindert fast die Übertragung der Verleihung. Drei Stunden vor dem offiziellen Beginn legen die Techniker jedoch ihren Streik bei, und die Ausstrahlung findet in gewohnter Form statt. Anstatt der 2800 anwesenden Gäste können dadurch 65 Millionen Fernsehzuschauer in den USA die Verleihung verfolgen.

40. Verleihung 1968

Wegen der Beerdigung von Martin Luther King wird die Verleihung um zwei Tage verschoben.

41. Verleihung 1969

Die Awards Verleihung findet im Dorothy Chandler Pavillon statt und wird zum letzten Mal im Radio übertragen. Ab 1970 überträgt exklusiv das Fernsehen weltweit via Satellit.

49. Verleihung 1977

Erneut produziert die AMPAS einen Kinotrailer, um die Aufmerksamkeit auf die Verleihungen zu richten. Mit 70 Millionen Fernsehzuschauern in den USA erreicht die Übertragung einen neuen Fernsehrekord. Insgesamt sehen 300 Millionen Menschen in 50 Ländern die Awards Verleihung.

50. Verleihung 1978

Nachdem der Film „The Deer Hunter" Oscars für „Best Picture", „Best Director" und „Best Supporting Actor" erhält, kommt es vor der Veranstaltungshalle zu Ausschreitungen. Vorwürfe, der Film sei rassistisch und würde ein falsches Bild des Viet Cong verbreiten, enden in einem Kampf, bei dem 13 Personen festgenommen werden.

53. Verleihung 1981

Die Verleihung wird wegen eines Attentats auf den Präsidenten der USA, Ronald Reagan, um einen Tag verschoben.

Die Geschichte der Verleihungen zeigt, wie schnell sich die Academy Awards von einer privaten Preisvergabe innerhalb Hollywoods zu einer Veranstaltung von weltweitem Interesse entwickelten. Maßgeblich kann man für diese Entwicklung die Beteiligung der verschiedenen Medien verantwortlich machen. In den Anfangsjahren versuchte die AMPAS durch Einladungen, ein größeres Publikum aus der Filmindustrie für ihre Preise zu interessieren. Später verfolgte sie mit ihren Werbemaßnahmen hauptsächlich das Ziel, die Einschaltquoten der Fernsehübertragungen zu steigern, um dadurch ihre finanzielle Basis zu sichern. Die stetig steigenden Zuschauerzahlen sprechen dabei für den Erfolg der Zusammenarbeit mit dem Fernsehen. Schon 1948 stellte der damalige AMPAS-Präsident Jean Hersholt fest, dass die Academy Awards nur deshalb bekannt sind, weil sie von den Medien als berichtenswert angesehen werden. Auch die Geheimhaltung der Gewinner bis zur tatsächlichen Verleihung, die heute wegen ihrer Spannung und der Neugier der Öffentlichkeit maßgeblich das Interesse an den Academy Awards bestimmt, entwickelte sich erst im Laufe der Zeit durch den Umgang mit den Medien.

Insgesamt kann man festhalten, dass die heutige Bedeutung der Academy Awards nur in geringem Maße durch besondere Aktivitäten der AMPAS erreicht wurde. Vielmehr war es das Interesse der Medien, das die Academy Awards zu dem „Selbstläufer" werden ließ, aus dem ihre herausragende Stellung in der Welt resultiert.

Die Medien

Schon bei der zweiten Verleihung der Academy Awards im Jahr 1930 begannen die Medien, über dieses Ereignis zu berichten. Ein lokaler Radiosender in Los Angeles übertrug die letzte Stunde der Verleihung live aus dem Hollywood Roosevelt Hotel. Seit diesem Zeitpunkt wurde regelmäßig in den Medien über die Academy Awards berichtet.

1947 war das Interesse der Presse an den Academy Awards bereits so groß, dass sie sich an die AMPAS mit der Bitte wandte, sie mit näheren Informationen zu versorgen. Die AMPAS entsprach dieser Bitte, indem sie eine umfangreiche Pressemappe erstellte, die mit speziellen Artikeln und Interviews die Arbeit der AMPAS und die Academy Awards vorstellte. Die Pressemappe sollte weltweit vertrieben werden, „von der nördlichsten Spitze Skandinaviens bis Australien und in allen Sprachen von Englisch bis Arabisch."

Seit 1941 wurden die Gewinner der Academy Awards bis zum Zeitpunkt der Verleihung geheim gehalten, und auch die Presse erhielt keine Vorabinformationen mehr. Dies führte dazu, dass im Vorfeld der Verleihungen in erster Linie Spekulationen über den Ausgang der Wahlen die Presse bestimmten. 1947 begann die Filmzeitschrift „Daily Variety" durch Umfragen bei den wahlberechtigten AMPAS-Mitgliedern Tendenzen über den Ausgang der Wahl zu erfragen und diese zu veröffentlichen. Mitte der fünfziger Jahre erklärte die AMPAS diese Umfragen für unzulässig und forderte ihre Mitglieder auf, sich nicht mehr an ihnen zu beteiligen. Darüber hinaus überzeugte sie in Gesprächen die „Daily Variety" davon, dass die Ungewissheit über den Ausgang den Reiz der Wahlen ausmacht, und dass sie zum Wohle der Filmindustrie die Umfragen beenden sollte. 1959 stellte die Zeitschrift die Umfragen ein.

1953 begann mit der ersten Fernsehübertragung eine neue Ära für die AMPAS und die Bedeutung der Academy Awards. Für 100.000 Dollar kaufte der Sender NBC die Übertragungsrechte an den Verleihungen. Die Einnahmen aus dem Verkauf der Fernsehrechte sorgten dafür, dass die AMPAS zum ersten Mal absolut unabhängig von der Filmindustrie operieren konnte, und die Übertragungen der Academy Awards brachen in der Folgezeit sämtliche Einschaltrekorde der Fernsehgeschichte. Allein 1965 sahen 75 Prozent der amerikanischen TV-Haushalte die Übertragung der Academy Awards. Eine Liste aus dem Jahr 1967 über die Fernsehsendungen mit den höchsten Einschaltquoten aller Zeiten führte die Academy Awards 1966 auf Platz 1, die Academy Awards 1967 auf Platz 2 und die Academy Awards 1965 auf Platz 9. 1992 zeigte der

Vergleich von den durchschnittlichen Einschaltquoten dreier Fernsehsender mit den Einschaltquoten der Academy Awards Übertragungen, dass die Oscar-Shows in den Jahren 1984 bis 1992 regelmäßig doppelt so viele Zuschauer erreichten, wie das normale Programm der Sender. 1993 unterzeichnete die AMPAS mit dem Fernsehsender ABC einen Vertrag, der die Übertragungsrechte der Academy Awards bis in das Jahr 2000 regelte.

Wie beliebt die Academy Awards bei den Medien sind, zeigt sich auch an der Zahl der Medienvertreter, die jährlich den Verleihungen beiwohnen. Im Jahr 1962 waren über 500 Reporter für die 34. Verleihung angemeldet. In den jeweiligen Veranstaltungsorten unterstützt die AMPAS durch die Bereitstellung verschiedener Räumlichkeiten die Arbeit der Medienvertreter. Direkt nach Erhalt ihres Oscars werden die Gewinner der Academy Awards der Presse präsentiert. Ein spezieller „deadline photo room" wird für Publikationen mit knappen Veröffentlichungsterminen bereitgestellt, im „general photo room" können alle anderen Photographen ihre Bilder machen, im „pencil press chamber" können erste Interviews mit den Gewinnern gemacht werden, und außerdem stehen weitere Räume für Fernseh- und Radioreporter bereit. Alleine am Abend der Verleihung werden Millionen von Worten für hundert Millionen Leser geschrieben und mehrere tausend Bilder produziert.

In den 65 Jahren von 1929 bis 1993 stieg die Zahl der Zuschauer bei der Verleihung der Academy Awards von 250 geladenen Gästen auf über eine Milliarde Zuschauer aus der ganzen Welt. Angefangen mit der Berichterstattung eines lokalen Radiosenders wuchs das Medieninteresse in der Folge jährlich und erreichte immer wieder neue Zuschauerrekorde. Die AMPAS unterstützte jederzeit bereitwillig alle Medien bei der

Berichterstattung über die Awards, ohne allerdings aktiv den Wachstumsprozess zu beeinflussen. Allein das Interesse der Medien, die, wie das Beispiel der „Daily Variety" zeigt, immer neue Wege der Berichterstattung einschlugen, erzeugte die weltweite Aufmerksamkeit an den Academy Awards. Schon 1978 resümierte Richard Shale:

„Die Öffentlichkeit, die durch Radio und Fernsehen erreicht werden, haben unermesslich dazu beigetragen, den Oscar und seine Gewinner bekannt zu machen."

Neben der wachsenden Bedeutung der Academy Awards in der Öffentlichkeit, die durch die Berichterstattung der Medien erfolgte, profitierte die AMPAS auch finanziell von dem Medieninteresse. Der Verkauf der Fernsehrechte machte die AMPAS endgültig unabhängig von der Filmindustrie, und der Erfolg der Übertragungen sichert die finanzielle Unabhängigkeit für die Zukunft. Heute machen die Einnahmen aus dem Verkauf der Fernsehrechte den Hauptteil der AMPAS-Einnahmen aus. Ohne sie wären viele Aktivitäten der AMPAS finanziell nicht durchführbar.

Kapitel 13: Kleiner Mann ganz gross
Der Oscar

Die offizielle Trophäe der Academy Awards wurde eine Woche nach Gründung der AMPAS, am 11. Mai 1927, von Cedric Gibbons während eines Gespräches mit Louis B. Mayer entworfen. Vier Jahre später, 1931, erhielt sie den Namen Oscar. Die damalige Bibliothekarin der AMPAS, Margaret Herrick, sah die Statuette und äußerte spontan: „Why, he looks like my uncle Oscar." Auch andere Personen behaupteten, erstmals den Namen Oscar in Zusammenhang mit der Trophäe geäußert zu haben, aber offiziell wird von der AMPAS die Herrick-Version der Namengebung vertreten. Schnell verbreitete sich der Name Oscar und wurde zur bekanntesten Bezeichnung für die Awards Of Merit For Distinguished Achievements der AMPAS.

Der Gewinn eines Academy Awards beginnt und endet nicht mit der Überreichung des Oscars. Sowohl für den Film als auch für die ausgezeichneten Künstler hat der Oscar einen speziellen Wert, und nicht selten wurden Versuche unternommen, im Vorfeld der Wahlen den Erfolg bestimmter Filme zu beeinflussen. Dieses Kapitel beschäftigt sich mit der Bedeutung und dem Wert eines Oscar-Gewinns, zeigt Beispiele für versuchte Manipulationen und beschreibt, wie die AMPAS versucht, den guten Ruf des Oscars zu wahren. Auch auf die nicht selten geäußerte Kritik gegenüber dem Filmpreis geht dieses Kapitel ein.

Bedeutung der Oscars

Die internationale Bekanntheit des Oscars übersteigt die jedes anderen Filmpreises der Welt. Doch für die geehrten Filmkünstler hat er eine eigene Bedeutung:

„Für den Filmemacher ist er das Symbol der Anerkennung durch sein härtestes Publikum, den Kollegen der Filmindustrie."

Gerade die Tatsache, dass die Wahl der Oscar-Gewinner von den Kollegen der Filmbranche durchgeführt wird, unterscheidet ihn von anderen Filmpreisen. Bei der Oscar-Verleihung bestimmen nicht Filmkritiker oder Filmorganisationen die Gewinner, sondern die Kollegen, und oft auch Konkurrenten, der eigenen Branche wählen die besten Leistungen aus ihrer Mitte. Wie persönlich der Gewinn oder auch der Verlust eines Oscars aufgenommen wird, beschreibt Frank Capra in seiner Autobiographie. Mehrere Filme hatten ihm bislang keinen Oscar eingebracht, und er versuchte wie versessen, einen Film zu produzieren, mit dem ihm der Oscar-Gewinn gelingen sollte. Für ihn entwickelte sich der Oscar zum „Heiligen Gral", an dem ihn nicht das Geld, sondern einzig der Ruhm interessierte. Nachdem ihm allerdings 1934 auch der Film „Lady For A Day" trotz vier Nominierungen nicht den ersehnten Oscar einbrachte, äußerte er: „Falls ich jemals einen Oscar gewinnen sollte, würde ich ihn niemals, niemals, NIEMALS persönlich entgegen nehmen." Ein Jahr später nahm er voller Stolz seinen ersten Oscar für den Film „It Happened One Night" entgegen.

Wie hoch die Bedeutung des Oscars von den Wahlberechtigten eingeschätzt wird, verdeutlichen auch folgende, von George Likeness 1968 festgestellte Punkte. Nur selten wurde ein Künstler mehrmals ausgezeichnet, und erst zweimal wurde ein Oscar an einen verstorbenen Künstler verliehen. Aus diesen Tatsachen schloss Likeness, dass die Bedeutung des Oscars in der Regel als zu groß angesehen wird, um ihn auf diese Weise zu „verschwenden".

Die Bedeutung der Oscars spielt nicht nur für die beteiligten Künstler eine Rolle, sondern unterstützt auch auf unterschiedlichste Weise die gesamte Filmindustrie. Durch die Ehrung besonders guter Filme sollte das Publikum auf diese Produktionen aufmerksam gemacht werden und einen Anreiz erhalten, sie sich im Kino anzuschauen. Auch wer sich nicht unbedingt für Film interessierte, konnte durch die Preise dazu verleitet werden, sich den besten Film oder die besten Schauspieler des Jahres anzuschauen. Die Fernsehübertragung sollte durch Filmausschnitte und die Präsentation vieler Stars weiteres Interesse in der Öffentlichkeit wecken. Auf diese Weise sollte auf lange Sicht das Publikum an die Produkte der Filmindustrie gebunden werden. Darüber hinaus verbesserten die Oscars das Image der Filmindustrie in der Gesellschaft. 1930 erhielt Carl Laemmle einen Oscar für den Anti-Kriegs-Film „All Quiet On The Western Front". Im Anschluss an den Gewinn wurde der Gedanke diskutiert, Laemmle für den Friedensnobelpreis vorzuschlagen. Zum ersten Mal wurde die Filmbranche mit einem so bedeutenden Preis in Verbindung gebracht. Allein dieser Punkt verdeutlicht, wie schnell die Oscars das Medium Film als ernstzunehmenden Faktor in der Gesellschaft etablierten.

Auch für die AMPAS hat der Oscar eine eigene Bedeutung. Ihm verdankt sie es, dass sie nach den Auseinandersetzungen mit den Gewerkschaften in den dreißiger Jahren fortbestehen konnte. Nach dem Massenaustritt der Schauspieler und Autoren war es einzig die Preisverleihung, die sie nach dem Ende der Auseinandersetzungen wieder zu einem Beitritt in der AMPAS bewegte. Außerdem steht fest, dass die AMPAS ihre heutige Stellung maßgeblich den Oscars und dem aus ihnen resultierenden Medieninteresse verdankt.

Wert des Oscars

Neben der ideellen Bedeutung birgt der Gewinn eines Oscars auch finanzielle Vorteile. Er wirkt sich sowohl auf die Einspielergebnisse der ausgezeichneten Filme als auch auf die Gagen der Künstler aus.

In seinem Buch „And The Winner Is…" kommt Emanuel Levy im Kapitel „The Multiple Effects Of The Oscar Awards" zu interessanten Ergebnissen. Der erste Film, dessen Erfolg durch den Oscar-Gewinn beeinflusst wurde, war „The Informer" im Jahr 1935. Während vor der Preisverleihung seine Einspielergebnisse eher enttäuschend waren, entwickelte er sich nach dem Gewinn von vier Oscars zu einem finanziellen Erfolg. Für den Film „The Best Years Of Our Lives", der 1947 erschien, errechnete Levy sogar einen Zugewinn von mindestens zwei Millionen Dollar. In der Folgezeit entwickelte sich der finanzielle Wert eines Oscar-Gewinns beträchtlich. Für die Mitte der sechziger Jahre schätzte Levy die durchschnittlichen Mehreinnahmen auf 21 Millionen Dollar pro Film, und Ende der achtziger Jahre hatte sich der Wert auf eine Summe zwischen fünf und 30 Millionen Dollar allein bei den Einspielergebnissen in den USA und Kanada eingependelt.

Diese Untersuchungsergebnisse können durch weitere Zahlen bestätigt werden. 1968 zählten drei Oscar-Gewinner zu den fünf finanziell erfolgreichsten Filmen bislang, und insgesamt hatten 10 Oscar-Gewinner die damals hohe Summe von über 10 Millionen Dollar in Amerika eingespielt.

Für den Film „One Flew Over The Cuckoo´s Nest", der 1975 die vier wichtigen Oscars - bester Film, beste Regie und für die beiden besten Hauptdarsteller - erhielt, wurden sogar zusätzliche Einnahmen von 50 Millionen Dollar errechnet. Zu den zusätzlichen Einnahmen aus den Kinoveröffentlichungen erzielen Oscar-Gewinner auch höhere Verkaufssummen bei Fernseh- und Videoveröffentlichungen.

Als ähnlich wertvoll stellte sich der Oscar für die Künstler heraus. So erhielt zum Beispiel Dustin Hoffman für seinen ersten Film „The Graduate" eine Gage von 17.000 Dollar. Nachdem er für diese Rolle Oscar-nominiert wurde, betrug die Gage für seinen zweiten Film bereits 400.000 Dollar, und 1980, nach dem Oscar-Gewinn für seine Rolle in dem Film „Kramer vs. Kramer", stieg seine Gage auf fünf Millionen Dollar. In den frühen Tagen der Filmindustrie war der finanzielle Wert eines Oscars für die Schauspieler eher unbedeutend. Die meisten Künstler waren durch feste Verträge an bestimmte Studios gebunden und erhielten pro Film einen bestimmten Betrag. Damals waren es die Produzenten, die vom Oscar-Ruhm ihrer Künstler profitierten, indem sie ihre Schauspieler an andere Filmstudios gegen hohe Beträge ausliehen. Claudette Colbert war die erste Schauspielerin, deren Gage sich nach einem Oscar-Gewinn erhöhte. Für „It Happened One Night" erhielt sie den Oscar als beste Schauspielerin und ihre Gage pro Film wuchs von 35.000 auf 150.000 Dollar. 1936 wurde sie mit 302.000 Dollar jährlich zur bestbezahlten Person Amerikas erklärt.

Zusätzlich zum direkten finanziellen Wert erhöht ein Oscar auch das Prestige und die Bekanntheit des jeweiligen Künstlers. So wurden zum Beispiel Schauspieler wie Audrey Hepburn oder Lee Marvin durch ihren Oscar-Gewinn über Nacht berühmt. George Likeness relativierte den Wert des

Oscars, mit der Feststellung, dass auch Filme und Schauspieler, die keinen Oscar gewonnen haben, hohe Einspielergebnisse erzielten, bzw. hohe Gagen erhielten. Insgesamt will er den Wert des Oscars mit anderen Mitteln als den finanziellen messen. Ein Oscar führt seinen Gewinner in die höchste Hollywood-Gesellschaft ein und verewigt ihn im Bewusstsein der Menschen. Selbst wenn andere berühmte und bekannte Künstler schon längst vergessen sind, befindet sich der Oscar-Gewinner immer noch auf dieser unsterblichen Liste.

„In der letzten Analyse ist der Oscar einzig und allein, wie beabsichtig, eine Ehre... die höchste, die Hollywood einer Person erweisen kann."

Werbung und Manipulation

Sehr schnell wurde offensichtlich, dass der Gewinn eines Oscars die Einnahmen eines Films erheblich vermehrte. Und da die Filmindustrie wie jede andere Industrie in erster Linie am Profit interessiert ist, begannen schon bald verschiedene Filmstudios und Künstler, Kampagnen durchzuführen, die ihre Chancen für den Oscar-Gewinn erhöhen sollten.

Die Geschichte der Werbung und Manipulation im Zusammenhang mit den Oscars ist stark mit der alljährlichen Kritik an den Gewinnern verbunden. Im Nachhinein ist es nicht nachvollziehbar, ob der Oscar-Gewinn eines bestimmten Künstlers oder eines bestimmten Films auf der künstlerischen Leistung oder auf der durchgeführten Werbekampagne beruhte. Letztendlich war es immer die persönliche Meinung der AMPAS-Mitglieder bei der entscheidenden Wahl, die den Gewinner bestimmte. Spekulationen über die mögliche Meinungsbildung gehören in Hollywood zum alltäglichen Geschäft, Fakten gibt es dagegen nur selten. Im Folgenden sollen einige Werbekampagnen vorgestellt werden, um zu zeigen, wie sehr sich Studios und Künstler um einen Oscar bemühten. Über den Anteil der Kampagnen am Erfolg oder Misserfolg des Künstlers kann objektiv kein Urteil gefällt werden.

1945 führte Henry Rogers, der Presseagent der Schauspielerin Joan Crawford, eine umfangreiche Werbekampagne durch, um seiner Klientin einen Oscar für den noch nicht fertig gestellten Film „Mildred Pierce" einzubringen. Durch einen Anruf bei einer Klatschreporterin erreichte Rogers, dass in einer der folgenden Ausgaben Joan Crawford als potentielle Oscar-Gewinnerin beschrieben wurde. Durch weitere Gespräche sorgte er dafür, dass sich dieses Gerücht schnell verbreitete bis auch andere Zeitschriften in Hollywood Joan Crawford als Favoritin handelten. Schon einige Tage später galt Joan Crawford in Hollywood als sicherer Tipp. Der Produzent Hal Wallis wurde in dem Zusammenhang mit den Worten zitiert, „Es sieht so aus als hätte Joan Crawford gute Chancen einen Oscar zu gewinnen. Ich weiß nicht wo ich das gehört habe, vielleicht habe ich es auch irgendwo gelesen." In kürzester Zeit war es Rogers gelungen, eine schauspielerische Leistung, die noch niemand gesehen hatte, für einen Oscar ins Gespräch zu bringen. Und tatsächlich erhielt Joan Crawford 1945 den Oscar für die beste weibliche Hauptrolle.

Unabhängig von den Spekulationen, ob Joan Crawford nicht auch ohne diese Kampagne den Oscar gewonnen hätte, begannen immer mehr Schauspieler, für ihre Leistungen zu werben. Den Höhepunkt dieser Aktivitäten bildete Rosalind Russel, die 1948 über 10.000 Dollar in eine solche Werbekampagne investierte. Einen Oscar gewann sie dadurch allerdings nicht.

Eine andere beliebte Form der Werbung, um die Oscar-Wahlen zu manipulieren, wurde von den Filmproduzenten durchgeführt. Nach der Nominierung der möglichen Oscar-Gewinner begannen sie aufwendige Anzeigen und Werbekampagnen, die die nominierten Filme bereits mit einem Oscar abbildeten. Auf diese Weise sollte den AMPAS-Mitgliedern die Verbindung zwischen dem speziellen Film und einem Oscar möglichst nahe gebracht werden. 1960 führte John Wayne, Produzent, Regisseur und Hauptdarsteller des Films „The Alamo", eine in dem Ausmaß noch nie dagewesene Werbekampagne durch. Für 150.000 Dollar erstellte er opulente Pressemappen und veröffentlichte eine Flut von Anzeigen, die in epischer Breite die Vorzüge seines Films herausstellten. Trotz seiner sieben Nominierungen erhielt „The Alamo" allerdings nur einen Oscar für den besten Ton.

1961 führte die AMPAS ein Komitee ein, das die Werbepraktiken der letzten Jahre überprüfen sollte. Als Begründung schrieb der Academy Report:

„Nach einer gründlichen Untersuchung der geschmacklosen Magazinanzeigen im Zusammenhang mit Leistungen, die für die Academy Awards 1961 nominiert waren, halten wir es für notwendig, unsere dementsprechende Position allen 1962 potenziellen Nominierten mitzuteilen."

In erster Linie sollte das Komitee dafür sorgen, dass das Ansehen der AMPAS und das Vertrauen in den korrekten Ablauf der Wahlen gewahrt blieben. Da die AMPAS keine spezifischen Regeln für die Werbekampagnen aufstellen wollte, endete die Arbeit des Komitees mit einem Statement, in dem sowohl die Filmstudios als auch die Künstler auf ihr Gewissen verwiesen wurden. In Zukunft sollten alle Beteiligten darauf achten, dass der Ruf und das Ansehen der Academy Awards nicht durch übertriebene Werbekampagnen litten. 1962 zeigte sich, dass die Aufforderung nicht allgemein akzeptiert wurde. Mit dem Hinweis auf vulgäre und exzessive Kampagnen setzte die AMPAS spezifische Werberegeln fest, deren Missbrauch in Zukunft geahndet werden sollte.

Auch heute werden noch große Werbekampagnen durchgeführt, um die Chancen einzelner Filme oder Künstler auf einen Oscar zu erhöhen. Wie erfolgreich diese Kampagnen sind, ist nach wie vor überaus zweifelhaft. Letztendlich beweisen die enorm kostspieligen Werbemaßnahmen nur erneut, welche Bedeutung einem Oscar-Gewinn von Seiten der Filmindustrie beigemessen wird.

Auch bei der Veröffentlichung von Filmen wird genauestens spekuliert. Die Awards-Regeln besagen, dass alle Filme zur Wahl zugelassen werden, die zwischen dem 1. Januar und 31. Dezember eines Jahres mindestens eine Woche lang gegen Bezahlung im Stadtgebiet von Los Angeles aufgeführt wurden. Da allerdings die größten Einnahmen nach der Oscar-Verleihung zu erwarten sind, laufen nicht selten vielversprechende Produktionen vorab versteckt und ohne weitere Ankündigung in kleinen Kinos in Los Angeles, um die Wahlauflage zu erfüllen. Erst nach dem Oscar-Gewinn werden sie offiziell veröffentlicht und profitieren vom ersten Erscheinungstag an von dem verliehenen Preis.

Eine weitere Taktik bei der Veröffentlichung besteht darin, nominierte Filme, deren Chancen auf einen Oscar-Gewinn als relativ gering angesehen werden, in der Zeit zwischen der Nominierung und der abschließenden Wahl unterstützt von großen Werbeankündigungen in Los Angeles zu zeigen. Auf diese Weise werden die Wahlberechtigten nachhaltig auf den nominierten Film aufmerksam gemacht. Das genaue Taktieren und Spekulieren mit der Veröffentlichung von Filmen gehört heute genauso zur Oscar-Werbung wie umfangreiche Werbekampagnen.

Wie wirkungsvoll die unterschiedlichen Methoden der Wahlmanipulation tatsächlich ausfallen, lässt sich nach der Oscar-Verleihung nicht mehr feststellen. Es mag gut möglich sein, dass sich das eine oder andere AMPAS-Mitglied von den Werbekampagnen oder den taktischen Veröffentlichungsdaten beeinflussen lässt, aber letztendlich gibt jeder Wahlberechtigte seine Stimme geheim und nach bestem Wissen und Gewissen ab. Und dass geschickte Werbung und Manipulation noch lange nicht ausreicht, um einen Oscar zu gewinnen, beweist die lange Geschichte der Academy Awards.

Oscars „guter Ruf"

Die AMPAS sorgte nicht nur durch die Festlegung bestimmter Werberegeln dafür, dass der Ruf und das Ansehen der Oscars keinen Schaden nahmen. Offiziell regeln die <u>Regulations For The Use Of Academy Award Symbols And References To Academy Awards</u> den Umgang mit den Symbolen der AMPAS. (Siehe auch Abbildung 13 auf der folgenden Seite) In diesen Regeln ist zum Beispiel festgelegt, dass jeder Preisträger, der sich von seiner Trophäe trennen will, sie zuerst der AMPAS für eine Schutzgebühr von 1 Dollar anbieten muss. Hintergrund dieser Regelung sind - wahre oder erfundene - Geschichten über einen unangebrachten Umgang mit dem berühmtesten Filmpreis der Welt:
„Es gibt Oscars die als Türstopper missbraucht oder in Pfandläden angeboten werden. Offensichtlich gibt es einige mittlerweile glücklose Ex-Gewinner denen es lieber ist, alleine zu essen, als in der Gesellschaft einer Statue zu hungern."

Am 2. September 1941 stellte die AMPAS die Oscar-Statuette unter Copyright. Durch diesen Schritt sollten alle ungenehmigten Abbildungen oder Nennungen des Oscars unterbunden werden. Trotz dieser Maßnahme kam es immer wieder zu Missbräuchen. Im November 1949 schloss die AMPAS schließlich mit der Bulova Watch Company einen 4-Jahres-Vertrag, der die Firma berechtigte, das Oscar-Symbol und den Namen Academy Awards für die Produktion von Armbanduhren zu benutzen. Angaben der AMPAS zufolge wurde diese Vermarktung ihrer Symbole in erster Linie erlaubt, um durch die Lizenzierung an eine Firma den immer umfangreicheren Missbrauch einzuschränken. Ein weiterer Grund dürfte auch die Zahlung von 120.000 Dollar gewesen sein, die die Bulova Watch Company für die Lizenzierung leistete.

1956 berichtete ein Artikel im _Academy Report_ genauer über den Missbrauch der AMPAS-Symbole. So hatte die Rechtsabteilung der AMPAS in Thailand, Deutschland, Spanien, Brasilien und vielen anderen Ländern Produkte aufgespürt, die gegen das Oscar-Copyright verstießen. Unter anderem wurde mit dem Aushängeschild der AMPAS für Pyjamas, Schuhe, Fleischprodukte, Sägemaschinen und Fischsaucen geworben. Meistens reichte allerdings schon ein strenger Brief aus, um dem Missbrauch zu beenden.

1989 musste sich die AMPAS erneut mit dem Copyright ihrer Symbole beschäftigen. Ein Gericht erklärte das Oscar-Copyright für unzulässig, da das Symbol durch die offizielle Verleihung zwischen 1929 und 1941 als öffentliches Eigentum gelte. In einem zweijährigen Prozess behauptete die AMPAS ihr Recht an dem Oscar-Symbol und unterstrich anschließend ihre Bemühungen, Missbräuche zu ahnden:

„Das Urteil sollte eine klare und entmutigende Nachricht an all diejenigen sein, die hoffen, durch die Tradition, Integrität und Einzigartigkeit des Oscars Profit machen zu können."

Der 1989 begonnene Gerichtsprozess entstand aufgrund der Ähnlichkeit zwischen dem Oscar und dem von der Chicagoer Firma Creative House Promotion Inc. hergestellten Star Award. Nachdem das Copyright der AMPAS bestätigt wurde, mussten die Nachahmer wegen Verletzung des Copyrights 300.000 Dollar an die AMPAS zahlen.

Auch von Seiten der Filmindustrie gab es in der Oscar-Geschichte Bestrebungen, das Image des Preises zu demontieren. Dass eindrucksvollste Beispiel dafür lieferte der Schauspieler George C. Scott, als er 1970 seine Oscar-Nominierung offiziell ablehnte.

„Das Leben ist kein Wettrennen, Es ist ein einziger Kampf ums Überleben und es gibt einige, die dabei auf der Strecke bleiben. Und eben weil es kein Wettrennen ist, betrachte ich mich auch nicht als Konkurrent meiner Kollegen, was Auszeichnungen oder Anerkennungen angeht. Deshalb lehne ich meine Nominierung für 'Patton' ab."

Die AMPAS reagierte auf diese Ablehnung mit dem Statement, dass die Oscars nicht für Personen, sondern für schauspielerische Leistungen vergeben werden. Und auch wenn die Person die Ehrung ablehnt, kann die Leistung ausgezeichnet werden. George C. Scott gewann den Oscar, und obwohl er ihn nie persönlich entgegennahm, wird er in den Gewinnerlisten geführt. Auf dieselbe Weise verfuhr die AMPAS mit allen Künstlern, die die Entgegennahme des Oscars ablehnten.

Oscar-Kritik

Die Kritik an den Oscar-Verleihungen ist so alt wie die Oscars selbst. In jedem Jahr kritisieren Journalisten, Fans und alle anderen, die es ihrer Meinung nach besser wissen, die Entscheidungen der AMPAS. Hauptkritikpunkte sind dabei die schlechte Qualität der prämierten Filme, mutmaßliche Manipulationen oder der gesamte Charakter der Verleihung. Der Schauspieler Richard Dreyfuss bewertete die Kritik mit folgenden Worten:

„Wir alle nehmen seit Jahren an zwei Ritualen teil. Das eine besteht darin, die Oscar-Verleihung anzuschauen, das andere darin, die Oscar-Verleihung niederzumachen. Beides sind geheiligte und traditionelle amerikanische Bräuche."

1948 verurteilte der Autor Raymond Chandler die Oscars als zynische Selbstehrung Hollywoods. Er warf der AMPAS vor, dass sich die Mitglieder die nominierten Filme nicht anschauen, sondern einzig und allein den finanziellen Erfolg beurteilen. Der Oscar diene der Werbung neuer Produkte, mit dem Ziel, deren Einnahmen zu erhöhen. Er kommt zu dem Schluss: „Die Oscars existieren für Hollywood, ihre Aufgabe ist es die Vormachtstellung Hollywoods zu behaupten."

Mit ähnlichen Inhalten, aber wesentlich schärfer äußerte Richard Schickel 1978 seine Kritik:

„Das ganze Oscar Geschäft ist in erster Linie eine Luftblase, ein Nonevent, aufgeführt für Filmkameras, in dem Hollywood die Gelegenheit bekommt sich selbst zu gratulieren in dem sie ihre heißesten Produkte und Persönlichkeiten bewirbt, nichts was ein seriöser Cineast ernst nehmen sollte."

Weiter führte Schickel aus, dass selten der beste Film eines Jahres den Oscar gewinnt. Anstatt dessen würden überproduzierte Filme geehrt, die mit einem großen Budget entstanden und hohe Einnahmen erzielten. Die gesamte Verleihung würde nur den Produzenten dienen und insgeheim von ihnen gesteuert.

Ähnliche und weiterführende Kritik findet sich in vielen Veröffentlichungen über die Oscars. Hilfreich bei der Analyse dieser Kritik ist der Rückblick auf die Konzeption der Academy Awards. Die AMPAS, als Zusammenschluss aller an der Filmproduktion beteiligten Berufsgruppen, ehrt mit den Oscars herausragende Leistungen aus ihrer Mitte. Bei der Konzeption der Oscars wurde weder vorausgesetzt, dass diese Ehrung objektiv stattfindet noch, dass sie die endgültige Bewertung der produzierten Filme ist. Letztendlich entstand die große Bedeutung der Oscars aus dem hohen Medieninteresse, das diesem Filmpreis entgegengebracht wird.

Jede Preisverleihung wird in gewissen Kreisen auf Kritik stoßen, und deshalb ist auch die Kritik an den Oscars nur verständlich. 1948 entgegnete der damalige Präsident der AMPAS, Jean Hersholt, den Manipulationsvorwürfen mit folgenden Fakten. Die Künstler der Filmindustrie sind viel zu individuell, um sich bei der Wahl der Oscars den Interessen anderer zu beugen. Außerdem werden die Wahlen geheim durchgeführt, und jeder Wahlberechtigte kann und muss seine Entscheidung nach eigenem Ermessen fällen. Aber auch außenstehende Autoren verteidigten die Oscars. Pierre Norman Sands konnte bei seiner Untersuchung der Academy Awards Gewinnerlisten der Jahre 1927 bis 1947 keinen Beweis für Manipulationen einzelner Studios feststellen. George Likeness stellte fest, dass die Oscars unter derselben Beeinflussung stehen wie jeder andere Filmpreis der Welt. Im Endeffekt basiere die Wahl auf persönlichen, emotionalen Entscheidungen über Leistungen, für die es keine objektiven Kriterien gibt. Und nach wie vor sind die Oscars die Auszeichnung der Filmindustrie, und die AMPAS-Mitglieder bilden die Jury, und sonst niemand.

Sicher sind einige der Kritikpunkte an den Oscars durchaus angebracht, während wieder andere einzig dem Zweck dienten, Schlagzeilen zu erzeugen. Letztendlich muss man die Oscars so akzeptieren, wie sie konzipiert wurden, als Selbstauszeichnungen der Filmindustrie. Und auch Raymond Chandler kam bei seiner Kritik zu einem kaum widerlegbaren Schluss:

„Wenn wir Lärm, Getöse und schlechtes Theater zulassen, wenn es um die Wahl der Menschen geht, die unser Land reagieren, warum sollten wir dann dieselben Methoden kritisieren, wenn es um die Ehrung von filmischen Leistungen geht?"

Kapitel 14: Ein theoretisches Happy Ending

Zusammenfassung und Bewertung der AMPAS Aktivitäten

Die Academy Of Motion Picture Arts And Sciences gründete sich 1927, in einer Zeit, in der sich die gesamte Filmindustrie in der stärksten Umbruchphase ihrer Geschichte befand. Die revolutionäre Technik des Tonfilms, wachsende Kritik in der Gesellschaft und die neue Bedeutung der Gewerkschaftsbewegung prägten diese Zeit. Die Filmindustrie benötigte dringend eine neue Ordnung und ein neues Image, wenn sie den Erfolg ihrer Anfangstage fortsetzen wollte. Der historische Kontext der Gründung ist besonders wichtig für das Verständnis der Ziele und Aufgaben der neuen Organisation sowie ihrer Öffentlichkeitsarbeit, die die allgemeine Konzeption der AMPAS widerspiegelt.

Die ersten Ziele der AMPAS reagierten direkt auf die dargestellte Situation der Filmindustrie. Die neue Organisation sollte auf die wachsende Kritik aus der Gesellschaft eingehen, Kooperationen innerhalb der Filmindustrie ermöglichen, interne Probleme schlichten und allgemein als Sprachrohr der Filmindustrie dienen. Für die Öffentlichkeitsarbeit der AMPAS bedeutete dies zunächst, „die Öffentlichkeit und die Filmindustrie zusammenzubringen um Wertschätzung und Verständnis zu fördern."

Obwohl noch immer keine einheitliche Theorie über Public Relations existiert und ein Vielzahl von Definitionen die Präzisierung von PR erschweren, ist es möglich, allgemeine Bezüge zwischen der historischen Entwicklung der Public Relations und der praktischen Arbeit der AMPAS herzustellen. Die Gründung der AMPAS erfolgte in einer Zeit, in der Public Relations erstmals Einzug in die amerikanische Unternehmensführung aller Branchen fand. Der allgemein als Vater der Public Relations anerkannte Edward L. Bernays eröffnete 1919 das erste Public Relations Büro und formulierte eine Theorie der Public Relations. Die Autoren Rudolf Beger, Hans-Dieter Gärtner und Rainer Mathes fassen die zwei wesentlichen Funktionen der PR nach Bernays wie folgt zusammen: „Erstens, die Öffentlichkeit zu informieren, und zweitens, eigene Überzeugungen der Öffentlichkeit zu vermitteln, um so deren Einstellung zu beeinflussen." Aufgrund dieses Ansatzes entwickelte Albert Oeckl die erste deutsche PR-Theorie und nannte dabei als Hauptziel, „einen Zustand des Verstehens und Vertrauens und daraus folgend der Zustimmung (...) herbeizuführen und zu erhalten."

Überprüft man die frühen Aktivitäten der AMPAS anhand dieser ersten PR-Theorien, stellt man fest, dass sie genau den genannten Funktionen entsprachen. Die Aufgaben des 1930 eingestellten Secretary Of Public Relations, Clinton Wunder, sahen vor, durch Pressearbeit, Reden und weitere Aktivitäten die Öffentlichkeit über die AMPAS zu informieren, um dadurch das Verständnis und das Ansehen der AMPAS zu fördern.

Ebenso lassen sich für die weiteren PR-Aktivitäten der AMPAS Bezüge zur Public Relations Theorie feststellen. Carl Hundhausen, neben Albert Oeckl der wichtigste Begründer der Öffentlichkeitsarbeit in Deutschland, beschreibt 1951 in seinem Buch „Werbung um öffentliches Vertrauen (Public Relations)" die Struktur von Öffentlichkeit. Demnach kann man die Öffentlichkeit nicht mehr als Ganzes betrachten, sondern eine Öffentlichkeit umfasst diejenigen Menschen, die durch irgendein gemeinsames Interesse miteinander verbunden sind. Die Öffentlichkeit ist in verschiedene Gruppeninteressen teilbar. Franz Ronneberger umschreibt diese Struktur in seinem gesellschaftsorientierten PR-Konzept folgendermaßen: „Wir haben es bildlich gesprochen nicht mit einem riesigen Platz zu tun, den niemand überblicken kann, sondern mit kleinen Foren oder Etagen in einem großen Gebäude. Eine allgemeine, für alle zugängliche und informative Öffentlichkeit besteht nur noch für wenige Themen."

Die Öffentlichkeitsarbeit der AMPAS verfolgte schon früh diese Erkenntnis, indem sie durch verschiedene Programme und Aktivitäten unterschiedliche Teilöffentlichkeiten ansprach. Durch ein umfangreiches und kompetentes Bildungsprogramm etablierte sich die AMPAS schnell bei den Bildungseinrichtungen und erreichte damit, dass ihr Ansehen die angestrebte akademische Reputation erhielt. Feste Programme führten zu einem ständigen Kontakt zu wichtigen Repräsentanten dieser Teilöffentlichkeit, und sie erreichte darüber hinaus die folgenden Generationen ihrer Zunft sowie zukünftige Meinungsbildner. Durch eine effektive Nachwuchsförderung sorgt sie auch für einen einmaligen Kontakt zwischen studentischer und professioneller Filmarbeit und dient damit als Mittler zwischen Theorie und Praxis. Die Bildungsaktivitäten wurden auch von der Filmindustrie als Beweis für die Bedeutung und Seriosität der AMPAS verstanden, und die stetig wachsenden Teilnehmerzahlen an den verschiedenen Programmen sprechen für den Erfolg in diesem Bereich der Öffentlichkeitsarbeit. Innerhalb der Filmwirtschaft etablierte sich die neugegründete Organisation durch die Einführung erster Kooperationen und durch die anfänglichen Erfolge ihrer politischen Arbeit. Obwohl die politische Arbeit der AMPAS in den dreißiger Jahren fast das Ende der Organisation bedeutet hätte, wurden ihre Erfolge im Nachhinein von allen beteiligten Gewerkschaften gewürdigt. Die politische Arbeit war schon durch die Konzeption der AMPAS zum Scheitern verurteilt, trotzdem führte sie erstmals das Prinzip der Kollektivität und der gemeinsamen Interessenvertretung in Hollywood ein. Als maßgeblich für den Ausbau ihrer Bedeutung für die Filmindustrie können jedoch die technische Forschung, die technischen Kurse und die Einführung von Standards angesehen werden. Diese PR-Aktivitäten halfen wesentlich bei der geordneten Neustrukturierung der Filmindustrie, führten zu erheblichen Geldeinsparungen und einer höheren Qualität der Filmproduktionen. Spezielle Projekte, die der Erhaltung der Filmgeschichte (Paper Print Project) oder dem Image der gesamten Industrie dienten (Dokumentarfilme), bauten das erworbene Ansehen weiter aus. Anhand der Dokumentarfilme, die produziert wurden „um die Öffentlichkeit zu informieren und das öffentliche Bild zu verbessern", zeigt sich erneut die Übereinstimmung der Public Relations der AMPAS mit der traditionellen PR-Theorie, die in der Verbreitung von Informationen die Basis für den Aufbau von Vertrauen und Verständnis sieht.

Während des Zweiten Weltkriegs erwarb sich die AMPAS durch ihre Unterstützung des Militärs die Aufmerksamkeit der Regierung. Die Ausbildung von Offizieren, die Erstellung von Trainingsfilmen und ihre Dokumentation über die Leistungen der Filmwirtschaft während des Kriegs brachten ihr eine Auszeichnung der Regierung ein und halfen außerdem, die Filmwirtschaft als kulturelles Medium weiter zu etablieren.

Da sich Public Relations, wie eine Definition der New Yorker Foundation For Public Relations erläutert, immer nur an den interessierten Teil der Öffentlichkeit wendet, kann man auch die öffentlichen Programme der AMPAS als Öffentlichkeitsarbeit für eine Teilöffentlichkeit definieren. Sowohl ihre Publikationen als auch die Seminare, Vorträge, Filmvorführungen,

Ausstellungen und der National Film Information Service wenden sich an die Teilöffentlichkeit, die sich für das Medium Film interessiert. Durch einmalige Dienstleistungen und kompetente Durchführung ihrer Programme hat sich die AMPAS auch in dieser Teilöffentlichkeit als herausragende Institution der Filmindustrie etablieren können. Für die gleiche Zielgruppe bietet die AMPAS durch ihre Bibliothek, durch das Filmarchiv und seit 1991 durch das Center For Motion Picture Study außerdem unvergleichliche Forschungsquellen über die gesamte Filmgeschichte an. Generell kann man festhalten, dass sich die Intention der Öffentlichkeitsarbeit der AMPAS in diesem Bereich der Öffentlichkeit darauf konzentriert, einen Einblick in das Medium Film zu ermöglichen und dadurch das Image der gesamten Filmindustrie zu erhöhen.

Alle der hier beschriebenen Aktivitäten der Öffentlichkeitsarbeit richteten und richten sich an Teilöffentlichkeiten, die sich für das Medium Film interessieren und an deren Wertschätzung der AMPAS gelegen ist. Dies entspricht wiederum dem von Ronneberger geäußerten PR-Ziel, in Teilöffentlichkeiten möglichst umfassende und dauerhafte Zustimmung zu erzielen. Wie sehr das Interesse der AMPAS die Öffentlichkeitsarbeit bestimmt, lässt sich an den internationalen Aktivitäten der AMPAS aufzeigen. Nur das Engagement von Einzelpersonen führte zeitweise zu einer Intensivierung der internationalen Kontakte. Generell verfolgte die AMPAS keine speziellen Interessen im Ausland, weshalb es neben der Kooperation mit einer britischen Bibliothek zu keiner weiteren festen Zusammenarbeit mit einer ausländischen Institution kam.

Die prinzipielle Konzentration auf Teilöffentlichkeiten kann man darüber hinaus mit dem großen Erfolg der Academy Awards Verleihungen begründen. Schnell entwickelte sich die Preisvergabe durch das große Interesse der Medien zu einem Ereignis, das Aufmerksamkeit in der ganzen Welt erregte. Durch die Oscars erreichte die AMPAS ein Publikum, das selbst die beste Öffentlichkeitsarbeit nie erreicht hätte. Dieser Umstand führte dazu, dass der Name der Organisation weltweit bekannt ist, obwohl ihre weiteren Ziele, Aufgaben und Aktivitäten weitgehend unbekannt sind. Dass die AMPAS auch nicht unbedingt daran interessiert ist, ihre Ziele und Aktivitäten in der Öffentlichkeit vorzustellen, beweist der Film „Oscar´s First Fifty Years". Nur die Teilöffentlichkeiten, in denen die AMPAS verschiedene PR-Programme durchführte, erhielten die komplette Version des Films, während die allgemeine Öffentlichkeit nur den Ausschnitt über die Academy Awards zu sehen bekam.

John Pavlik, leitender Director Of Communications der AMPAS zwischen 1992 und 2007, nennt für diese Praxis konkrete Gründe. Die AMPAS kann auch existieren, wenn niemand ihre Programme kennt. Wichtig für die Existenz ist das Geld, das die AMPAS durch den Verkauf der Fernsehrechte der Awards Verleihungen einnimmt. Erst dieses Geld ermöglicht die Durchführung der weiteren Programme, die in der Regel nur ein spezielles Publikum ansprechen. Deshalb konzentriert sich die Öffentlichkeitsarbeit für die gesamte Öffentlichkeit darauf, die Zuschauerzahlen bei den Fernsehübertragungen der Verleihungen zu erhöhen. Denn die Höhe der Einschaltquoten bestimmt die Höhe der Einnahmen der AMPAS.

Da viele der PR-Aktivitäten der AMPAS Parallelen zur traditionellen PR-Theorie aufweisen, scheint die besondere Struktur der AMPAS als Non-Profit-Organisation keine direkte Auswirkung auf ihre Öffentlichkeitsarbeit zu haben. Für die PR der AMPAS bewertet John Pavlik diesen Punkt folgendermaßen:

„Die Aufgabe der Public Relations ist es, den Profit zu erhöhen. Egal ob es sich dabei um eine Profit Organisation handelt, bei der es um Verkäufe geht, oder um eine Non-Profit Organisation, die finanzielle Zuwendungen sucht. Vielleicht sogar mehr für Non-Profit Organisationen, da diese auf den guten Willen anderer Menschen angewiesen sind, um Gelder zu bekommen. Aber am Ende reduziert es sich immer aufs Geld."

Abschließend lässt sich festhalten, dass die Bekanntheit und Bedeutung der Academy Of Motion Picture Arts And Sciences einerseits auf der geschickten Basisarbeit mit den verschiedenen Teilöffentlichkeiten in den ersten Jahren ihres Bestehens und andererseits auf dem „Selbstläufer" Oscar beruhen. In erster Linie verfolgte die Öffentlichkeitsarbeit die Ziele, das Ansehen der AMPAS als seriöse und sachkundige Organisation zu erhöhen, die Einschaltquoten für die Fernsehübertragungen der Awards-Verleihungen zu steigern und generell das Ansehen der gesamten Filmindustrie zu verbessern. Dabei verzichtete die AMPAS auf spektakuläre Aktivitäten und konnte das große Interesse der Medien für ihre Zwecke nutzen. Wie sehr die Entwicklung und wachsende Bedeutung der Academy Awards die AMPAS beeinflusste, beweist die Tatsache, dass die Preisverleihungen von einem unbedeutenden Ziel in den Gründungsjahren zum zweitwichtigsten Punkt in den aktuellen By-Laws der AMPAS wurden.

Insgesamt basiert die heutige weltweite Bedeutung der AMPAS weniger auf einem festen PR-Konzept, sondern ist als Teil eines gesellschaftlichen Prozesses zu verstehen, der durch den allgemeinen Aufschwung der Filmindustrie ausgelöst wurde. Diese Erkenntnis schließt den Bezug zwischen der Öffentlichkeitsarbeit der AMPAS und der PR-Theorie, denn genau diesen Prozess beschreibt Günter Barthenheier, wenn er allgemein feststellt, dass die Erscheinungsformen und Funktionen von PR von den gesellschaftlichen Bedingungen, den politischen und ökonomischen Strukturen abhängig sind.

Um ihre Bekanntheit zu steigern benötigt die AMPAS heute keine direkte Öffentlichkeitsarbeit mehr, das enorme Medieninteresse an den Oscars erzeugt mehr Aufmerksamkeit als es jede PR-Maßnahme könnte. Zwar stehen dadurch die anderen Aktivitäten der AMPAS im Schatten der Verleihungen, aber durch die intensive Öffentlichkeitsarbeit in den verschiedenen Teilöffentlichkeiten, hat sich die AMPAS in allen für sie bedeutenden gesellschaftlichen Bereichen etabliert. Nach wie vor erreicht sie hier den filmtechnischen Nachwuchs, Meinungsbildner anderer Medien, die eigene Industrie sowie die interessierte Öffentlichkeit und arbeitet an der Basis, die ihre zukünftige Bedeutung in diesen Bereichen maßgeblich mitbestimmt.

Quellen- und Literaturverzeichnis

Unveröffentlichte Quellen und Literatur aus dem Archiv der AMPAS

<u>a) Mitglieder-Publikationen</u>

-Academy Interim Report, Winter 1979.
-Academy President´s Report - Visit To Europe, Winter 1980.
-Academy Report, 1988 - 1994.
-Academy Report To The Members Of The Academy Of Motion Picture Arts And Sciences, 1956 - 1971.
-Annual Report, 1929, 1930, 1941, 1977 - 1993.
-A Report Of The President To The Members Of The Academy Of Motion Picture Arts And Sciences, 1945 - 1950.
-Bulletin - Academy Of Motion Picture Arts And Sciences, 1927 - 1937.
-For Your Information, 1945 - 1950.
-The Bulletin, 1973 - 1978.

<u>b) Broschüren</u>

-Center For Motion Picture Study, 1991.
-Margaret Herrick Library - Use Of The Library - General Rules And Policies, Feb. 1991.
-Student Academy Awards, 1993.
-The Annual Student Academy Awards 20th Anniversary, 1993.
-The Don And Gee Nicholl Fellowships In Screenwriting - Official Rules And Application, 1993.
-The Margaret Herrick Library, 1991.
-The National Film Information Service, 1993.
-This Is The Academy Foundation, 1993.
-Visiting Artists Program, 1993.
-What Is The Academy?, 1959.

c) Pressemitteilungen

-Academy Announces George Pal Lecture On Fantasy In Motion Pictures, 15.4.1982.
-Academy Announces Regional Winners For Student Academy Awards, 12.5.1994.
-Academy Foundation Announces Grants Recipients For 1992, 19.11.1991.
-Academy Foundation Awards $ 85,000 In Grants To 16 Organizations, 9.12.1993.
-Academy Names Benton For Inaugural Lecture On Film Directing, 22.10.1982.
-Academy Reception To Honor 'One Hundred Books On Hollywood & The Movies', 1.7.1993.
-Marc Davis Lecture On Animation Established By The Academy, 1.10.1993.
-Oscar Voting And Events Timetable Set By Motion Picture Academy, 25.8.1993.
-Press Kit, 1993.

d) Sonstiges

-Academy Foundation Mailing List, June 1993.
-By-Laws Of The Academy Of Motion Picture Arts And Sciences, 1988.
-Invitation To The Organization Banquet Of The Academy Of Motion Picture Arts And Sciences, May 11, 1927.
-Regulations For The Use Of Academy Award Symbols And References To Academy Awards, Jan. 1987.
-Technical Bureau Bulletin, 15.7.1930.
-AMERICAN FILM INSTITUTE: Report On Academy Of Motion Picture Arts And Sciences, Internship Program, Chair Program, August 1973.

-AMERICAN FILM INSTITUTE: The Academy Internship Program, 1985.
-EMANUEL, Itzhak: A Descriptive History Of The Academy Awards 1953 - 1970, University Of California at Los Angeles MA Thesis, 1971.

Literatur

a) Bücher

-ACADEMY OF MOTION PICTURE ARTS AND SCIENCES: Academy Report No. 1: Incandescent Illumination, Hollywood 1928.
-ACADEMY OF MOTION PICTURE ARTS AND SCIENCES: Academy War Film Library, Hollywood 1944.
-ACADEMY OF MOTION PICTURE ARTS AND SCIENCES: Motion Picture Sound Engineering, New York 1938.
-ACADEMY OF MOTION PICTURE ARTS AND SCIENCES: Recording Sound For Motion Pictures, New York 1930.
-BIEBL, Elmar: Oscar, Hamburg 1988.
-BEGER, Rudolf / GÄRTNER, Hans Dieter / MATHES, Rainer: Unternehmenskommunikation, Frankfurt/Wiesbaden 1989.
-BROWN, Peter H. / PINKSTON, Jim: Oscar Dearest - Six Decades Of Scandals, Politics And Greed Behind Hollywood´s Academy Awards 1927 - 1986, New York 1987.
-CAPRA, Frank: The Name Above The Title, New York 1971.
-CINEMA: Oscar - Der wichtigste Filmpreis der Welt, Hamburg 1993.
-EDMONDS, I.G. / MIMURA, Reiko: The Oscar Directors, San Diego/New York 1980.
-FISCHER, Erika J.: The Inauguration Of 'Oscar' - Sketches And Documents From The Early Years Of The Hollywood Academy Of Motion Picture Arts And Sciences And The Academy Awards, 1927 - 1930, München/New York/London/Paris 1988.

-FLIEGER, Heinz: Rublic Relations Seminare Teil 2, Wiesbaden 1986.

-FREDRIK, Nathalie / DOUGLAS, Auriel: History Of The Academy Award Winners, Los Angeles 1974.

-HAEDRICH, Günther / BARTHENHEIER, Günter / KLEINERT, Horst: Öffentlichkeitsarbeit, Berlin/New York 1982.

-HASITSCHKA, Werner / HRUSCHKA, Harald: Nonprofit-Marketing, München 1982.

-HUNDHAUSEN, Carl: Werbung um öffentliches Vertrauen (Public Relations), Essen 1951.

-LEVY, Emanuel: And The Winner Is..., New York 1987.

-LIKENESS, George: The Oscar People, Mendota 1965.

-MICHAEL, Paul: The Academy Awards. A Pictorial History, New York 1973.

-NIVER, Kemp R.: Motion Pictures From The Library Of Congress Paper Print Collection 1894 - 1912, Berkley/Los Angeles 1967.

-OECKL, Albert: Der Schlüssel zur Öffentlichkeitsarbeit, Düsseldorf/Wien 1976.

-OSBORNE, Robert: 50 Golden Years Of Oscar, La Habra 1979.

-PERRY, Louis B. / PERRY, Richard S.: A History Of The Los Angeles Labor Movement 1911 - 1941, Los Angeles 1963.

-PICKARD, Roy: The Oscar Movies From A-Z, London 1977.

-RONNEBERGER, Franz: „Legitimation durch Information", in: DORER, Johanna / LOJKA, Klaus: Öffentlichkeitsarbeit, Wien 1991.

-ROSS, Murray: Stars And Strikes, New York 1941.

-SANDS, Pierre Norman: A Historical Study Of The Academy Of Motion Picture Arts And Sciences (1927 - 1947), New York 1973.

-SCHWARTZ, Nancy Lynn: The Hollywood Writers´ Wars, New York 1982.

-SHALE, Richard: Academy Awards, New York 1978.

-STRESAU, Norbert: Der Oscar, München 1994.

-TIBBETTS, John C. (Hrsg.): Introduction To The Photoplay, Shawnee Mission (Kansas) 1977.

b) Periodika
-„Academy Does Bosses One More Good Turn", in:
The Film Spectator, Hollywood 4.2.1928, S. 4.
-„Academy Of Motion Picture Arts And Sciences 1940 Activities", in: The Film Daily Year Book Of Motion Pictures 1941, New York 1941, S. 690.
-„An Award Worth Winning", in: The Screen Guilds´ Magazine, Hollywood, March 1936, S. 1.
-„Organized Hosts", in: The Screen Guilds´ Magazine, Hollywood, March 1936, S. 3.
-„The Academy In 1952", in: The Film Daily Year Book Of Motion Pictures 1953, New York 1953, S. 969.
-„The Academy Writer-Producer Agreement...Another Attempt To Destroy The Guild", in: The Screen Guilds´ Magazine, Hollywood October 1935, S. 1 - 3.
-Academy Leader, 1972, No. 1 - No. 3.
-BRACKETT, Charles: „The Academy In 1951", in: The Film Daily Year Book Of Motion Pictures 1952, New York 1952, S. 854.
-CHAMPLIN, Charles: „The Academy At Fifty", in: American Film 16 - 19, Los Angeles March 1978, S. 16 - 19.
-CHANDLER, Raymond: „Oscar Night In Hollywood", in:
The Atlantic 181, March 1948, S. 24 - 27.
-GLEDHILL, Donald: „The Motion Picture Academy, A Coöperative In Hollywood", in: The Journal Of Educational Sociology 13, No. 5, January 1940. S. 268 - 273.
-HERSHOLT, Jean: „The Academy Speaks", in: The Atlantic 181, May 1948, S. 43 - 45.
-Los Angeles Times, Artikel, 11.12.1987. (Aus der Artikelsammlung der AMPAS, die ohne Seitenangaben archiviert wurden.)

-SCHICKEL, Richard: „Measuring Oscars", in: American Film, March 1978, S. 3.

-THALBERG, Irving: Technical Activities Of The Academy Of Motion Picture Arts And Sciences", in: Journal Of The Society Of Motion Picture Engineers 15, No. 1, New York 1930, S. 3 - 16. Variety, Artikel, 21.2.1980, 15.5.1992, 15.10.1992. (Aus der Artikelsammlung der AMPAS, die ohne Seitenangaben archiviert wurden.)

-WANGER, Walter: „The Academy´s Wartime Service To Industry And Government", in: The Film Daily Year Book Of Motion Pictures 1944, New York 1944, S. 761.

-WOODS, Frank: „History Of Producer-Talent Relations In The Academy", in: The Screen Guilds´ Magazine, Hollywood, November 1935, S. 4, 26 - 27.

-ZANUCK, Darryl F.: „The Research Council War Activities", in: The Film Daily Year Book Of Motion Pictures 1943, New York 1943, S. 164 - 166.

Sonstiges

-Interview vom 14. Juni 1993 mit John Pavlik, Director Of Communications der Academy Of Motion Picture Arts And Sciences

-www.oscars.org – die offizielle Internetseite der Academy Of Motion Picture Arts And Sciences

Da die vorliegende Arbeit weitgehend auf internen Veröffentlichungen der Academy Of Motion Picture Arts And Sciences basiert, möchte ich mich an dieser Stelle für die Hilfe, die mir während meines Aufenthaltes in Los Angeles gewährt wurde, bedanken.

In erster Linie gilt mein Dank dem ehemaligen Director Of Communications der Academy Of Motion Picture Arts And Sciences, John Pavlik, der mir durch seine großzügige Unterstützung Einblick in die Organisation gewährte.

Für die kompetente Hilfe bei der Erschließung wesentlicher Quellen danke ich den Mitarbeitern der Margaret Herrick Library. Außerdem danke ich James M. Roberts, Executive Consultant der AMPAS und Patrick Stockstill, Awards Coordinator der AMPAS, die mir für weitere Gespräche zur Verfügung standen.

Christian Dorndorf

168 Die Oscar Macher